TRAITÉ
DE PRONONCIATION

INDIQUANT

Les moyens d'obtenir une bonne émission de voix, de corriger tous les défauts de prononciation, tous les accents vicieux, tous les accents étrangers, et donnant la prononciation exacte de plus de deux cent mille mots.

SEULE MÉTHODE EMPLOYÉE AU CONSERVATOIRE.

PAR

M. MORIN (DE CLAGNY).

PROFESSEUR DE LECTURE A HAUTE VOIX ET DE DÉCLAMATION LYRIQUE
Au Conservatoire impérial de Musique et de Déclamation.

3me ÉDITION
REVUE ET AUGMENTÉE

PRIX : 4 FRANCS.

A PARIS.
Chez TRESSE, libraire, successeur d[illegible] ARBA, Palais-Royal, galerie de Chartres.
Chez HECTOR BOSSANGE, qua[illegible] [illegible]e, 25;
Et chez l'Auteur, M. MORI[illegible] [illegible]gny), passage Saulnier, 9, et à Versailles, p[illegible] Clagny.

A LONDRES,
DULAU et Ce, libraires, Soho-Square, 37.
A BRUXELLES,
JOREZ, libraire, rue au Beurre.
A NEW-YORK,
HECTOR BOSSANGE, libraire.
A QUÉBEC,
BOSSANGE, MOREL et Ce, libraires.

1853.

TRAITÉ

DE PRONONCIATION.

PARIS. — IMPRIMERIE SERRIERE ET Cᵉ, RUE MONTMARTRE, 131.

TRAITÉ
DE PRONONCIATION

INDIQUANT

Les moyens d'obtenir une bonne émission de voix, de corriger tous les défauts de prononciation, tous les accents vicieux, tous les accents étrangers, et donnant la prononciation exacte de plus de deux cent mille mots.

SEULE MÉTHODE EMPLOYÉE AU CONSERVATOIRE.

PAR

M. MORIN (DE CLAGNY),

PROFESSEUR DE LECTURE A HAUTE VOIX ET DE DÉCLAMATION LYRIQUE
Au Conservatoire impérial de Musique et de Déclamation.

3me ÉDITION

REVUE ET AUGMENTÉE.

PRIX : 4 FRANCS.

A PARIS,

Chez TRESSE, libraire, successeur de BARBA, Palais-Royal, galerie de Chartres, 2 et 3;

Chez HECTOR BOSSANGE, quai Voltaire, 25;

Et chez l'Auteur, M. MORIN (de Clagny), passage Saulnier, 9, et à Versailles, parc de Clagny.

A LONDRES,
DULAU et Ce, libraires, Soho-Square, 37.

A BRUXELLES,
JOREZ, libraire, rue au Beurre.

A NEW-YORK,
HECTOR BOSSANGE, libraire.

A QUÉBEC,
BOSSANGE, MOREL et Ce, libraires.

1853.

AVANT-PROPOS.

Nommer ici tous les savants professeurs, tous les grands écrivains, tous les illustres orateurs qui ont écrit sur l'importance d'acquérir une parfaite prononciation, serait, je le pense, vouloir faire de l'érudition bien inutilement. Tout le monde maintenant parle, ou se dispose à parler, en public, à haute voix.

Ce qu'il fallait, ce qu'on cherchait depuis longtemps, c'était un ouvrage complet, indiquant d'une manière simple, en peu de paroles, et intelligiblement pour tous, les moyens les plus sûrs de corriger les mauvais accents et tous les vices de prononciation, depuis la *mollesse d'articulation*, qui en est le plus faible, jusqu'au *bégayement*, qui en est le plus fort.

Ce livre le voici :

C'est un résumé de vingt-cinq ans d'expérience pratique. C'est une méthode qui a fait ses preuves, et avec laquelle j'ai obtenu les résultats les plus positifs, les plus complets. Ce n'est donc pas un *essai*, une tentative de l'intelligence, un doute ; c'est un fait acquis depuis longtemps, un fait constaté, et qui doit rendre de véritables services au perfectionnement des études de la prononciation française. Je crois ce livre indispensable à tous : à l'enfance, à la jeunesse, à l'âge mûr : à l'enfance, pour lui servir de préservatif; à la jeunesse, pour corriger les défauts qui pourraient arrêter l'essor de son intelligence; et à l'âge mûr, pour compléter les grands succès oratoires.

Enfin, ce doit être *l'a, b, c, d,* de tout orateur, avocat, artiste, chanteur, de tout ce qui parle ou doit parler.

NOTA. Le succès de cet ouvrage, qui vient d'obtenir une *seconde* et une *troisième* édition en cinq mois, m'a fait sentir la nécessité de redoubler de travail et de soins pour le rendre tout à fait digne de la haute faveur dont il jouit en un si court espace de temps. D'après les observations et les avis d'un grand nombre d'étrangers qui me font l'honneur de me prendre pour conseil, je joins aujourd'hui, à mon *Traité de prononciation*, des règles certaines pour faire reconnaître facilement et positivement la prononciation exacte de presque tous les mots les plus embarrassants pour les personnes qui étudient notre langue.

Le nombre des mots dont je donne la prononciation est de plus de deux cent mille.

14 septembre 1852.

TABLE.

Page

PREMIÈRE LEÇON. — De l'articulation des voyelles........ 9
DEUXIÈME LEÇON. — Voyelles ouvertes........ 13
TROISIÈME LEÇON. — Voyelles nasales........ 30
QUATRIÈME LEÇON. — Voyelles labiales........ 33
CINQUIÈME LEÇON. — Des consonnes........ 50
SIXIÈME LEÇON. — Mollesse d'articulation........ 63
SEPTIÈME LEÇON. — Blaisement........ 70
HUITIÈME LEÇON. — Grasseyement........ 76
NEUVIÈME LEÇON. — Bégaiement........ 92
CONSEILS GÉNÉRAUX........ 101

PREMIÈRE LEÇON.

DE L'ARTICULATION DES VOYELLES.

Les mots sont composés de voyelles et de consonnes.

Les voyelles sont les sons; — les consonnes, les mouvements. C'est dans toutes les grammaires.

Les meilleurs grammairiens n'ont tenu aucun compte, et avec raison, de ce vieux préjugé qui ne nous accorde que cinq voyelles. Ils ont reconnu ce qui est : que notre langue en possède une bien plus grande quantité.

Sans vouloir multiplier les voyelles, en comptant celles qui sont aiguës ou graves, longues ou brèves, nous en possédons au moins treize, qui sont :

a.	**eu.**
e.	**ou.**
é.	**on.**
è.	**in.**
i.	**an.**
o.	**un.**
u.	

Je les place ainsi, y ajoutant les sons longs et brefs, graves et aigus :

é.

è.

ē (1).

ê.

ŏ.

ă.

ā.

in.

an.

un.

on.

e.

eŭ.

ō.

eū.

ou.

u.

i, ou **y.**

Puis, je les range selon leur ordre articulaire, pour mieux faire comprendre quels sont les mouvements de la bouche nécessaires à chaque appellation.

(1) Les signes indiquant les brèves ou les longues sont ˘ ¯. Le premier est la représentation du son bref, aigu ; et l'autre désigne le son long et grave.

VOYELLES OUVERTES.	VOYELLES NASALES.	VOYELLES LABIALES.
é.	**in.**	**e.**
è.	**an.**	**eŭ.**
ē.	**un**	**ō.**
ê.	**on.**	**eū.**
ŏ.		**ou.**
ă.		**u.**
ā.		**i**, ou **y.**

Jusqu'à présent, on ne connaissait point de règles fixes pour les différents mouvements de la mâchoire nécessaires à la juste appellation de nos voyelles ; aussi cette ignorance donnait-elle et donne-t-elle toujours lieu aux accents les plus étranges, aux prononciations les plus défectueuses. Maintenant, je crois cette difficulté vaincue. La méthode que je présente, très-simple, extrêmement facile à retenir, donne des principes invariables. La croissance ou la décroissance de la bouche, dans chaque mouvement, y est numérotée. Plus d'erreur possible.

Nous avons dix-huit sons ou voyelles dans notre langue ; je les ai classés par ordre de mouvement.

La première est celle qui n'exige qu'une petite ouverture de bouche (l'*é* fermé). Quoique cet *é* soit dit fermé, il n'en faut pas moins entr'ouvrir les dents pour le bien articuler. La deuxième (l'*è* ouvert commun) demande une ouverture un peu plus grande, et ainsi de suite en ouvrant progressivement la bouche jusqu'à la neuvième (*an*), qui est la voyelle où les mâchoires doivent atteindre leur plus grande ouverture. Puis, à partir de la dixième (l'*e* muet), la bouche tend à se refermer, ce qui s'exécute presque à la douzième (l'*ō* grave) ; elle se referme davantage pour les treizième, quatorzième, quinzième et seizième, (*un*, *on*, *eū* et *ou*), et se trouve arrivée à son dernier degré de fermeture, les lèvres serrées l'une contre l'autre, à la dix-septième (l'*u*) ; position qu'elle conserve en articulant la dix-huitième, la dernière de mon tableau, (l'*i*), tout en changeant la position des lèvres.

Voici ce tableau :

TABLEAU DES VOYELLES

D'APRÈS MA MÉTHODE.

CROISSANCE PROGRESSIVE.

1re	**é**	fermé	(petite ouverture de bouche) :	*été, il sait, et.*
2e	**è**	ouvert commun.	(ouvrez la bouche) :	*père, mère, elle.*
3e	**ē**	grave	(ouvrez un peu plus) :	*trēs, anglāis, ēst.*
4e	**ê**	très ouvert	(encore plus, mais sans effort) ;	*honnête, fête, prête.*
5e	**ŏ**	aigu	(de même pour celle-ci) :	*cŏcŏtte, aŭrŏre, Laŭre.*
6e	**ă**	aigu	(toujours plus) :	*lă, fă, păpă, n'ă.*
7e	**ā**	grave	(le son change, le mouvement n'est plus le même que pour l'a aigu, mais la bouche ne s'en ouvre pas moins) :	*ās, cās, lās, pās.*
8e	**in**	nasal	(la bouche très ouverte avec effort) :	*fin, hein, sain, cinq.*
9e	**an**	nasal	(encore plus si c'est possible) :	*grand, blanc, francs.*

DÉCROISSANCE PROGRESSIVE.

10e	**e**	muet	(ouverte sans effort) :	*le, me, te, se.*
11e	**eŭ**	aigu	(de même) :	*seŭl à seŭl.*
12e	**ō**	grave	(la bouche commence à se refermer, les lèvres se joignent en s'allongeant) :	*cōte à cōte.*
13e	**un**	nasal	(même mouvement quant à la fermeture de la bouche) :	*un, brun, jeun.*
14e	**on**		(un peu plus rapprochée) :	*long, bonbon.*
15e	**eū**	grave	(davantage encore) :	*jeūx, bœūfs, œūfs.*
16e	**ou**		(encore plus) :	*joujou, coucou.*
17e	**u**		(fermeture complète de la bouche :	*jujub, su, hu.*
18e	**i** ou **y**		(de même, moins les lèvres) :	*ici, fini.*

Maintenant, je vais donner des explications détaillées sur chacune de ces articulations vocales. Je vais les faire passer sous les yeux les unes après les autres, en indiquant de quelle manière il faut se servir des différentes parties de la mâchoire dans chaque appellation.

DEUXIÈME LEÇON.

VOYELLES OUVERTES.

é, è, ē, ê, ŏ, ă, ā.

L'é FERMÉ.

Pour bien prononcer l'é fermé, il faut que la bouche reste dans sa position ordinaire, ni grande ouverte, ni tout à fait fermée. Laissez, au contraire, un libre passage à l'air, ne serrez pas les dents, et cette voyelle sera bien articulée.

Exercices sur l'é fermé.

L'E est fermé quand il termine une syllabe et qu'il n'est pas suivi d'une consonne et d'un *e* muet.

École, *Éole*, *écoutez*, *éphémère*, *éclore*, *écrire*, *chétif*, *vérité*, etc.

Dans *école*, l'*é* termine la syllabe, il est suivi de la consonne *c* et de la voyelle *o*, il est fermé ; ainsi de suite des autres. Quand, après la consonne qui suit l'*é*, il n'y a pas un *e* muet, l'É *est toujours fermé*.

Dans *éphémère*, les deux premiers *é* sont fermés. Pourquoi ? Parce qu'ils terminent une syllabe et qu'ils ne sont pas suivis d'une consonne et d'un *e* muet. En effet, le premier *é* est suivi de deux consonnes *ph* et d'un *é* fermé, *é*, *phé*, le second *é* termine la syllabe *phé*, et il est suivi de la consonne *m* et d'un *e* ouvert, *éphémè*; le troisième *e* termine aussi la syllabe *mè*, cet *è* est suivi de la consonne *r* et d'un *e* muet, *re*, il est ouvert.

Il en est de même de *père*, *mère*, *ère*, *hère*, etc. Le premier *e* de *père* termine la syllabe, il est suivi d'une consonne et d'un *e* muet, il est ouvert.

Cette règle s'applique à un nombre immense de mots.

L'*é* fermé est aspiré dans les cinq mots : *hé! héros*, *héraut*, *hérissé*, *héron*.

Il ne l'est pas dans les mots : *Hébé*, *héberger*, *hécatombe*, *Hélicon*, *hémistiche*, *héliotrope*, *héritier*, *Héloïse*, *Hélène*, *héroïne*, *Hérodote*, *Hérode*, *hébreu*, *Hécate*, *hérésie*, *hélas!*

A la fin des mots, on prononce comme é fermé :

1°—er...... Des 5,000 infinitifs des verbes de la 1re conjug. : *aimer*, *créer*, *danser*, *agiter*, etc., etc.
De tous les noms d'états, de dignités : *boucher*, *horloger*, *financier*, etc.
De tous les noms d'arbres : *pommier*, *abricotier*, *pêcher*, etc.

2°—ai....... De toutes les premières personnes du singulier du passé défini des 5,000 verbes de la 1re conjug. : j'*aimai*, je *créai*, je *dansai*, j'*agitai*, etc., etc.
De toutes les premières personnes du futur des 6,000 verbes des quatre conjug. : j'*aimerai*, je *finirai*, je *recevrai*, je *rendrai*, etc. etc.

3°—ez...... Des secondes personnes du pluriel du présent de l'indicatif, du futur, du conditionnel, de l'impératif, du présent et de l'imparfait du subjonctif des 6,000 verbes des quatre conjugaisons. (Ce qui fait un total de 36,000 mots.)
1re conj., vous *aimez*, vous *aimerez*, *aimez*, etc.
2e conj., vous *finissez*, vous *finirez*, *finissez*, etc.
3e conj., vous *recevez*, vous *recevrez*, *recevez*, etc.
4e conj., vous *rendez*, vous *rendrez*, *rendez*, etc.
Des trois mots *nez*, *assez*, *chez*.

4°—é. ...... De tous les participes passés masculins et féminins, singuliers et pluriels, des verbes de la 1re conjugaison. (Total 20,000 mots.)
Aimé, aimée ; créé, créée, etc.,
Aimés, aimées ; créés, créées, etc.

5°—**té**....... Des 600 substantifs féminins qui expriment les qualités abstraites des adjectifs dont ils sont formés :
Clarté, qualité de ce qui est *clair.*
Pureté, — *pur.*
Sincérité, — *sincère,* etc.

6°—ée ou é. De tous les substantifs masculins et féminins qui ont cette terminaison :
Protée, Némée, Pompée, Thésée, apogée, hyménée, lycée, caducée, trophée, renommée, armée, charretée, dictée, etc.
Circé, Daphné, Psyché, Phébé, Sémélé, Amalthée, etc.

Enfin les trois personnes du singulier du présent de l'indicatif du verbe savoir, je *sais,* tu *sais,* il *sait,* et la troisième personne du singulier du présent du subjonctif du verbe avoir, qu'il *ait.*

En ajoutant *volontiers, pied* et ses deux composés *trépied, marchepied,* on a un total de plus de 60,000 mots, sur lesquels on peut s'exercer à prononcer l'é fermé.

L'è OUVERT.

Ce signe, dans notre langue, est le plus incomplet de tous, car nous possédons bien des sortes de sons dans l'*è* ouvert, et nous n'avons aucun moyen de les faire reconnaître à l'œil. L'oreille seule nous en fait saisir les différences ; ce qui cause un pénible et ennuyeux travail aux étrangers qui veulent acquérir notre accent.

Je vais essayer de classer, autant que possible, les sons de l'*è* ouvert en trois catégories :

L'*è ouvert commun,* désigné par l'accent ordinaire : *père, mère.*

L'*è ouvert grave,* désigné par le signe : *cēs, mēs, tēs.*

L'*ê très ouvert,* désigné par l'accent circonflexe : *fête, tête.*

De ces trois catégories, bien arrêtées par ces signes, on arrive plus facilement aux subdivisions.

Pour émettre le son de l'*è* ouvert, il ne faut qu'ouvrir la bouche :

Simplement d'abord pour l'*è* ouvert commun,

Davantage pour l'*ē* ouvert grave,

Et le plus longtemps possible pour l'*ê* très ouvert.

Ire CATÉGORIE.

DU SON è OUVERT COMMUN.

*Exercices sur l'*è *ouvert commun.*

Au commencement des mots, l'*è* est ouvert commun quand il est suivi de deux consonnes différentes :

Èrgot, èstropier, èxcuser, èxposer, etc.

Remarque : l'*e* est fermé quand il est suivi de deux consonnes semblables : *éffacer, énnemi,* etc., etc., à moins que les deux consonnes ne soient des *r* ou des *l*, car alors la vibration et la double sommo-linguale exigent que l'*e* soit ouvert commun : *èrreur, èlle,* etc.

Ai, au commencement des mots, suivi d'une consonne et d'un *e* muet, a le son de l'*è* ouvert commun :

Aide, aile, etc., etc , dans *air, ai* a le même son.

Dans les autres cas, *ai* initial a le son de *é* fermé :

Aider, aimer, aigu, airain, aisément, etc.

Le *h* est muet et l'*è* est ouvert commun dans *herbe, Hercule, hermine, helléniste, hectolitre, hermétique, hexamètre, hernie, herse*, etc.

Au milieu des mots, tous les *è* qui ont l'accent grave sont *è* ouverts communs. Les *è* qui ont l'accent grave sont ceux qui terminent une syllabe et qui sont suivis d'une consonne et d'un *e* muet : *complète, père, mère, flèche, siècle.* Maintenant, on excepte de cette règle les mots : *nèfle, trèfle; Phèdre, cèdre, Grèce, lèpre, mètre, décimètre, hexamètre,* où l'*è* a le son de l'*ē* ouvert grave.

Remarque. Pêle-mêle, même, pêne, quoique ayant l'accent circonflexe, ont, dans la prononciation, par l'usage fréquent que l'on fait de ces mots, le son de l'*è* ouvert commun.

L'*e* est ouvert commun quand il fait partie d'une syllabe dans laquelle la consonne qui le suit se prononce : *fer, hiver, hier, fier, cet, net, hec, grec, autel, ariel, quel, Abel, bel, chef, bref, nef, grief, amen, hymen* (dans la poésie moderne, on est obligé souvent de prononcer *hymain*, par respect pour la rime), *Esther, Jupiter, enfer, Lucifer, éther, pater, noster, ver, vers, vert, verts, débet, tacet, Suez, Rhodez, Jorez, Lopez*, etc., etc.

L'*e*, suivi de deux consonnes semblables et d'un *e* muet, est ouvert commun : la *mienne*, la *tienne*, la *sienne*, *assiette, miette, belle, quelle, querelle, hôtesse, politesse*, etc., etc. Il a le même son quand il est suivi de deux consonnes différentes dont la dernière n'est ni *l* ni *z* : *nectar, Hector, réflexion, génuflexion*, etc., etc.

Ai, précédé d'une consonne, a le son de *è* dans les mots *raisin, raifort, vairon, clairon, glaive, blaireau, prairie*, etc.

Remarque. Dans les verbes *baisser, baiser, laisser, baigner, dédaigner* et *saigner*, *ai* n'est ouvert commun que quand il est suivi d'une consonne et de *e*, *es*, ou *ent*, comme dans je *baisse*, il *baise*, il *laisse*, il *baigne*, il *dédaigne*, ils *saignent*, ils *daignent*, etc., etc.

Dans tous les autres cas, *ai* a le son de l'*é* fermé : nous *baissons*, nous *laissons*, vous *saignez*, etc., etc.

Ai a le son de l'*è* dans les mots en *aine*, en *aise* et en *aison* :

Mots en aine et en eine.

Porcelaine, mitaine, fredaine, prétentaine, vilaine, bedaine, saine, capitaine, fontaine, dizaine, centaine, peine, veine, etc.

Mots en aire.

Maire, chaire, notaire, solitaire, libraire, testamentaire, salaire, précaire, agraire, épistolaire, vicaire, auxiliaire, ovaire et *cinéraire, faire, plaire, taire,* et autres infinitifs en *aire.*

Mots en aison.

Raison, livraison, saison, maison, inclinaison, liaison, oraison, venaison, etc.

Ei a le même son dans *beignet, monseigneur, seize* et *treize.*

IIe CATÉGORIE.

DE L'ē OUVERT GRAVE.

Exercices sur l'è ouvert grave.

L'ē est ouvert grave dans *mes, tes, ses, ces, les, des,* et dans tu *es,* il *est.* Nous avons vu que l'è ouvert commun a le son ouvert grave dans les mots en *èfle, nèfle, trèfle,* et dans *Phèdre, cèdre, lèpre, algèbre, Érèbe, mètre, décimètre, hexamètre, scène.*

Dans *grêle, rêne, gêne, frêne,* et *chêne,* l'*ê* circonflexe se prononce comme un ē ouvert grave.

Les terminaisons ai, aie, ais, ait et *aient* des verbes; *aise, et, ès*, et *ey* ont le son de l'ē ouvert grave :

Mots en ai.

Étai, déblai, délai, essai, balai, vrai, mai, frère *lai*, cheval *bai, minerai, Tournai, Tokai.*

Excepté *gai*, qui se prononce *gué.*

Mots en aie

Plaie, baie, claie, paie, monnaie, vraie, ivraie, craie, laie, raie et *taie.*

Mots en ais.

Rabelais, jais, dadais, laquais, marais, mais, jamais, désormais, panais, palais, liais, relais, frais, mauvais, biais, Français, Anglais, ouais! je *savais*, tu *savais*, je *ferais*, tu *ferais*, et tous les mots en *ais*, excepté : je *sais*, tu *sais*, il *sait* et qu'il *ait*, qui se prononcent, comme je l'ai déjà dit, je *sé*, tu *sé*, il *sé*, qu'il *é*.

Mots en ait. Substantifs.

Fait, souhait, forfait, bienfait, trait, retrait, portrait, soustrait.

Mots en ait et en aient. Verbes.

Il *avait*, ils *avaient*, il *aurait*, ils *auraient*, il *savait*, ils *sauraient*, il *ferait*, ils *feraient*, etc., etc. Il en est de même de toutes les troisièmes personnes du singulier et du pluriel des verbes qui ont cette terminaison.

Mots en aise.

Falaise, Nicaise, glaise, braise, chaise, aise, niaise, cymaise, fraise, mortaise, fadaise.

Mots en eine.

Reine, Seine.

Mots en et.

Ballet, banquet, objet, sujet, baudet, coquet, caquet, poignet, cadet, guet, maillet, juillet. Les mots *cet* et *net* n'ont pas dû être placés ici, parce que, comme je l'ai expliqué à l'*ĕ ouvert commun,* toutes les fois que *e* est suivi d'une consonne qui se prononce, il a le son de *è.*

Mots en ès.

Dès, près, après, profès, progrès, congrès, succès, abcès, décès, accès, excès, procès, très, grès, cyprès.

Dans *aloès, Thalès, Damoclès,* et autres noms propres en *ès*, l'*e* conserve le son de l'ē ouvert grave, mais le *s* se fait entendre.

Mots en ey.

Ferney, Sidney, dey, bey, Jersey, Guernesey.

Le son de l'ē ouvert grave a lieu aussi dans *laid, faix* et *paix.*

IIIe CATÉGORIE.

DE L'ê TRÈS OUVERT.

Je donne à cet ê, non le sens orthographique vulgairement adopté, mais le sens euphonique que lui attribuaient les anciens;

c'est-à-dire la représentation du son bas et élevé en même temps. En effet, dans *tempête, fête, faîte*, le son est plus bas, plus grave, et, malgré cela, autant en dehors que dans les sons ouverts de *procès*, *excès*. Pour bien prononcer l'*ê* très ouvert, il faut donc ouvrir la bouche de même que pour l'ē ouvert grave, mais la laisser ouverte plus longtemps et rendre le son un peu guttural.

*Exercices sur l'*ê *très ouvert.*

Dans *haine* et la *haire*, le *h* est aspiré et *ai* se prononce comme un *ê* très ouvert.

Au milieu des mots, *aî* a le son de l'*ê* très ouvert dans *gaîne, faîne, maître, traître ;* et dans les verbes en *aître*, comme *naître, paître*, *connaître, paraître*, à tous les temps et à toutes les personnes ou l'*î* est circonflexe.

Ê est très ouvert dans les mots en *êche*, en *êle*, en *ême*, en *êpe*, en *êpres*, en *êque*, en *ête*, en *être* et en *êt :*

Mots en êche.

Bêche, crêche, drêche, pêche, la *pêche, dépêche, Campêche*, et *prêche*.

Remarque. Cette règle ne s'applique qu'aux mots *êche*, car dans *bêcher*, il *prêchait*, je *pêchais*, l'*ê* circonflexe a le son de l'*é* fermé.

Mots en êle.

Il n'y a que *rêle* et *bêle*.

Mots en ême.

Polyphême, Bohême, blême, suprême, extrême, carême, crême, le *saint chrême*.

Anathème et *thème*, quoique ayant l'accent grave, ont l'*ê* très ouvert dans la prononciation.

Mots en êpe et en êpres.

Il n'y a que *guêpe*, un *crêpe*, une *crêpe*.
Vêpres est le seul mot en *êpres*.

Mots en êque.

Il n'y a qu'*évêque* et *archevêque*.

Mots en ête.

Bête, *tête*, je m'*apprête*, *crête*, *honnête*, *fête*, *arête*, il *arrête*, *tempête*, *quête*, *conquête*.

Cependant il faut ajouter ici que les mots *honnête*, *tête*, *bête* et *arrête*, perdent un peu de leur véritable son, et que, par l'usage fréquent que l'on en fait, l'*ê* circonflexe de ces mots se prononce souvent comme un *ē* ouvert grave, et ne conserve son véritable son que dans la lecture à haute voix et dans le style soutenu.

Mots en être.

Prêtre, *salpêtre*, une *guêtre*, il s'*empêtre*, *Bicêtre*, *fenêtre*, *ancêtre*, *être*.

Mots en êt.

Benêt, *forêt*, *genêt*, *protêt*, *prêt*, *intérêt*, il est *prêt*.
Dans *rets* et *mets* l'*e* est très ouvert.

L'Ŏ.

Pour bien prononcer cette voyelle aiguë, la bouche s'ouvre entièrement, la voix se lance vers l'extrémité du palais, près des dents supérieures; les lèvres seules ne bougent point. Elles suivent le mouvement donné, sans quitter leur position naturelle : *ŏ, ŏ, ŏ*. A part cette différence labiale, la prononciation de l'*ŏ* et celle de l'*ă* sont identiques : même ouverture de bouche, même travail de voix, et même dissemblance dans le même signe : *a, păpă; a, pātre ; o, cŏte ; o, cōte.*

Exercices sur l'ŏ aigu.

Au commencement des mots, l'*ŏ* aigu, soit seul comme dans *ŏrăcle,* soit joint à une consonne comme dans *ŏbséder,* est aigu et bref.

Exemples : *ŏpérer, ŏpéră, ŏrătĕur, ŏbéir, ŏrgăne, ŏrdre, ŏrner, ŏrnement,* etc., etc.

L'*ŏ* est aigu et le *h* est aspiré dans : *hŏqueton, hŏchēt, hŏquēt, hŏrs, hŏrmis, hŏlă ! hō! hŏtte, hŏbereāu, hŏmărd, hŏchepōt, hŏrde, Hŏttentōt,* et *hŏnnir.*

L'*ŏ* est aigu et bref, et le *h* est muet dans les noms propres : *Hŏlŏpherne, Hŏrtense, Hŏrăce, Hŏmère,* etc., et dans *hŏstie, hŏlŏcaŭste, hŏrlŏge, hŏrlŏger, hŏrlŏgerie, hŏnneur, hŏmŏnyme, hŏmélie, hŏspitălité, hŏstilité, hŏrizon, hŏrticulture, hŏrtensia.* L'o de hôpital, quoique marqué d'un accent circonflexe, est aigu et bref dans la prononciation.

Au milieu des mots, l'*ŏ* est aigu quand il termine une syllabe et qu'il n'est pas suivi de la sifflante douce *s.*

Exemples : *adŏ-lescent, cŏcŏ-tte, cŏmmŏ-de, mariŏ-nnette, nŏ-mină l, créŏ-le, cŏ-lŏ-rer, ăvŏ-cāt, nŏ-tre, vŏ-tre,* etc., etc.

Ŏ est aigu dans les mots en *osse,* excepté dans *fōsse* et *grōsse.*

Exemples : *bŏsse, brŏsse, carrŏsse, mŏlŏsse, cŏlŏsse, rŏsse, Ecŏsse,* etc.

Ot est aigu et le *t* se fait entendre dans *dot* et dans *sŏt*.

Ce dernier mot ne s'emploie ainsi que dans le style familier.

Lorsque le *c* de *ŏc* se fait entendre, la voyelle est aiguë : *rŏc*, *chŏc*, *et hŏc*.

Il en est de même dans le mot *cŏq* ; seulement on ne prononce pas le *q* dans coq d'Inde : *cŏ-d'Inde*. Il n'y a que deux mots qui, en français, se terminent par un *q* : *cinq* et *cŏq*.

A la fin des mots, l'*o* n'est jamais aigu, il est toujours grave.

Nous renvoyons à la page 36 pour la juste prononciation de l'*o* grave. Et nous allons, en parlant de la voyelle suivante, l'*a*, entrer dans tous les détails nécessaires à l'intelligence de ses difficultés euphoniques.

L'**ă**, L'**ā**.

Dans notre langue, comme la voyelle *o*, la voyelle *a* est le signe de deux prononciations distinctes, tout à fait en opposition l'une de l'autre. L'*ă* que l'on entend dans *là*, adverbe, est aigu et est bref; et l'*ā* que l'on prononce dans *las* (fatigué), est, au contraire, très long et très grave.

De là, ressortent naturellement deux manières d'émettre les sons de ce même signe.

Pour faire entendre l'*ă* aigu, il faut, en retirant les lèvres sur elles-mêmes, ouvrir la bouche le plus possible, de sorte que l'air, ayant son libre cours, vienne frapper, près des dents supérieures, le haut du palais : *là*, *là*. Ce mouvement, bien fait, donne à l'*ă* un son clair, bref et aigu.

Pour l'*ā* grave, au contraire, le son doit frapper le palais au fond de la bouche, près de la racine de la langue ; il est presque guttural. La bouche doit être ouverte, mais moitié moins que pour l'*ă* aigu, et les lèvres ne doivent pas abandonner leur position ordinaire, naturelle : *lā*, *lā*.

Sans cette explication, que l'on ne donne dans aucune grammaire, la voyelle *a* est presque inintelligible aux Méridionaux et aux étrangers qui étudient notre prononciation ; on se contente de dire (lisez toutes les grammaires) : « L'*a* est bref dans patte et long dans pàte. » — Mais comment long? comment bref? Le même son, dans les mots, peut être indifféremment long ou bref sans changer d'émission? *Nous demandâmes des dattes*, par exemple : dans ces mots il y a deux *a*, et ils sont aigus quoique longs? — On se tait alors, on n'explique rien. Ne sachant comment faire, ne voyant que le même signe *a*, on prononce au hasard, long ou bref, mais en prenant toujours, pour point de départ, l'émission de l'*ă* aigu ; fausse émission pour l'*ā* grave, et dont on se sert presque toujours par ignorance du vrai principe. C'est tout simple, il ne peut venir, même à l'écolier le plus intelligent, si on ne le lui dit pas, la pensée qu'un même signe en représente deux, que ce signe a deux manières de se prononcer, qu'il commande deux différentes émissions de voix. Ce sont des difficultés auxquelles on ne s'attache pas, faute de les comprendre, et qui sont la source de toutes les mauvaises prononciations.

Le son est-il bref, comme dans *pătte*, ouvrez la bouche, rappelez les lèvres, que l'air aille bien frapper au haut du palais, et vous êtes sûr que votre voyelle sera bien articulée.

Le son *ā*, au contraire, est-il long comme dans *pāte*, oh ! alors, vous n'hésitez plus, vous savez ce que vous avez à faire pour obtenir un son grave et long : vous ouvrez la bouche sans effort, vous forcez votre voix à frapper le palais près de la racine de la langue, d'une manière gutturale, et vous faites entendre le vrai son de l'*a* grave : *ā*, *ā* ; et plus vous voulez lui donner de gravité, plus vous devez rapprocher le son de la gorge et le faire descendre : *ā*, *ā*, Comme, tout à l'opposé, plus vous voulez obtenir un son bref, clair, pour l'*a* aigu, plus vous ouvrez la bouche, plus vous retirez les lèvres, et plus enfin vous lancez la voix près des dents supérieures : *ă*, *ă*, *ă*.

Avec l'explication que je viens de donner, je regarde comme très utile encore, et surtout pour les étrangers, de présenter ici un tableau exact des sons graves ou aigus, brefs ou longs de la voyelle *a*. Ce travail consciencieux pourra servir aussi de règle certaine à tous les écrivains et grammairiens qui s'occupent de la langue française.

Exercices sur l'ă aigu.

L'*ă*, au commencement des mots, est aigu, clair et bref.

Exemples : *ămusement, ăgrément, ăjustement, ăgréablement, ăllant, ălors, ăbandonnant*, etc., etc.

Cette règle n'a guère pour exception que les six mots : *āge, āne, āme, ās, ācre* et *āpre*.

Le *h* est nul et l'*ă* reste toujours aigu dans les six mots : *hăbiter, hăbituer, hăbit, hămeçon, hăbile, hărmonie*.

La prononciation, de même que l'orthographe des dérivés et des composés, suivant toujours celle des mots primitifs, il en résulte clairement qu'on prononcera l'*ă* de *réhăbiliter* comme celui d'*hăbile* et celui de *hărmonieux* comme celui d'*hărmonie*.

Dans la liste suivante, quoique le *h* soit aspiré, l'*ă* y conserve le son aigu.

Cette liste comprend :

L'INTERJECTION : *ha !*

Les SUBSTANTIFS : *hăche, hăchis, hămac, hămeau, hănneton, hălle, hăllebarde, hărdes, hăreng, hăricots, hărpon, hărpe, hărangue, hăquenée, hăridelle, hărnais ;*

Les ADJECTIFS : *hăgard, hărgneux, hărde ;*

Les VERBES : *hăïr, hăpper, hărasser, hărceler, hăsarder*, à tous les temps et à toutes les personnes ;

Les deux mots *hălte, hăro*.

Le verbe *hennir* se prononce comme *ha* aspiré, *ha-nir* ; nous allons bientôt voir pourquoi.

L'*a*, au milieu des mots, est ordinairement bref.

Exemples : *agréăble, élégămment, quătre, ăbăttre, animădversion, bavardăge, déclărer, amărrer, compărer*, etc., etc.

Les exceptions à cette grande règle se trouvent presque toutes indiquées dans l'exercice sur l'*ā* grave au milieu des mots.

Remarques. La voyelle *e* se prononce comme un *ă* aigu dans les mots ou le *e* est suivi des deux consonnes *m* ou *n*. *Fĕmme, indĕm-inté, nĕnni, solĕnnel, ardĕmment, apparĕmment*, etc., etc. Ainsi, dans *ardĕmment*, on doit entendre deux fois le son de *ă* : *ăr-dă*, et, dans *apparĕmment*, trois fois : *ă-pă-ră*.

Voilà pourquoi *hennir* se prononce *hănir* ; c'est que l'*e* est suivi de deux *n*.

D'après ces règles établies, *ă* est bref au commencement des mots, *ă* est bref au milieu des mots, et *e* se prononce *ă* avant deux *m* ou deux *n*.

On voit ces trois cas réunis dans *apparemment*.

Au commencement des mots : *ă* aigu .... *ăp*
Au milieu des mots : *ă* aigu .... *pă*
E avant deux *m* se prononce *ă* aigu .... *rĕmment.*

Par la règle ci-dessus *Rouennais* (de Rouen) et *Caennais* (de Caen) se prononcent *Rou-ă-nais, Că-nais.*

Les deux voyelles *ao* ont le son de l'*ă* aigu dans le féminin de *paon, paonne-păne, faon, faonne-făne.*

Dans tous les mots où l'*y* est placé entre deux voyelles, il équivaut à deux *i*; le premier de ces *i* se prononce comme *ă* aigu, et le second, *i*; c'est ce qui a lieu dans *royal, royauté, rŏ-ă-ial, rŏ-ă-iauté;* dans *loyal, lŏ-ă-ial; noyau, nŏ-ă-iau; moyen, Troyen, mŏ-ă-ien, Trŏ-ă-ien;* dans toutes les personnes des verbes terminés à l'infinitif par *yer*, quand l'*y* s'y trouve entre deux voyelles ; nous voyons, vous voyez, nous *vŏ-ă-ions*, vous *vŏ-ă-iez* ; je voyais, tu voyais, etc.

Ai se prononce *ă* dans *douăire, douăirière.*

Oi se prononce *ŏ-ă* dans *foison, oiseau, moi; toi, soi, loi, roi, foi*, etc., etc., *fŏ-ă-zon*, *ŏ-ă-zeau*, *mŏ-ă*, *tŏ-ă*, *sŏ-ă*, *lŏ-ă*, *rŏ-ă*, *fŏ-ă*.

A la fin des mots, l'*ă* est aigu. Exemples : *Galbă*, *Numă*, *Jaffă*, *opéră*, etc., etc.

Il en est de même dans les mots *là*, *voilà*, *çà*, *deçà*, *delà*, *déjà*, et dans l'expression *oui-dà*.

A la fin des mots, *ha* se prononce *ă* dans *brouhăhă*, *căhin-căhă*, et dans *ipécăcuănhă*; *ah* se prononce *ă* dans *Jéhovăh*, *Allăh*, et dans *pouăh!*; *ăch*, dans *ălmănăch*, *ac* dans *tăbăc* et *estŏmăc*, et *acs* dans *lăcs* (piége), se prononcent aussi *ă* aigu.

La terminaison *at*, excepté dans *māt*, *bāt*, *dégāt*, *climāt* et *appāt*, a toujours la prononciation de l'*ă* aigu :

Avocăt, *apostăt*, *seringăt*, *orgeăt*, *rosăt*, *muscăt*, *cérăt*, *magistrăt*, *candidăt*, *consulăt*, *décemvirăt*, *étăt*, *soldăt*, *résultăt*, *forçăt*, etc.

La terminaison *oix* n'a que six mots ; cinq se prononcent *o-a*, croix, poix, voix, choix, Foix, *cro-ă*, *po-ă*, *vo-ă*, *cho-ă*, *Fo-ă*, et le sixième, noix, se prononce *nou-ā*

Froid et *doigt* se prononcent *fro-ă* et *do-ă*.

Les mots en *ois*, *minois*, *carquois*, *gravois*, *anchois*, *tapinois*, *fois*, *Hongrois*, se prononcent aussi *ŏ-ă*.

Remarque importante pour tout le monde.

L'*accent circonflexe* qui se trouve dans les cinq mille verbes de la première conjugaison, à la première et à la deuxième personne du pluriel du passé défini, nous *allâmes*, vous *allâtes*, etc.; et à la troisième personne du singulier de l'imparfait du subjonctif, qu'il *allât*, etc.; n'influe en rien sur la prononciation de cette voyelle, qui reste toujours aiguë et claire.

La distance vocale du son aigu au son grave doit être, à peu près, d'une quinte.

Exercices sur l'ā grave.

Au commencement des mots, l'*ā* n'est grave que dans *ā*, *āh*, *ās*, *āne*, *ānon*, *ānier*, *ānesse*, et dans *āge*, *āme*, *ācre*, *ācreté*, *āpre*, *āprement*, *āpreté*.

L'*ā* est encore grave dans *hāve* et *hāvre*.

Au milieu des mots, l'*ā* n'est grave que dans les substantifs *hābleur*, *bāillon*, *hāillon*, *bātard*, *bāton*, *chāsse*, *chāssis*, *chāteau*, *gāteau*, *grāce*, *māchoire*, *māle*, *mānes*, *mātin* (chien), *Pāris* (nom d'homme), *pāque à pāques*, *pāte*, *pātre*, *plātre*, *emplātre*, *tāche*, *relāche*, *crāne*, *crābe*, *diāble*, *fāble*, *sāble*, *cāble* et *mirācle* ; *théātre* et tous les mots en *ātre*, *bleuātre*, *blanchātre*; et en *adre*, *cādre*, etc.

Il n'y a qu'une exception pour les finales en *adre* : c'est le mot *lădre*, qui est bref ainsi que ses dérivés.

L'*ā* est grave dans les adjectifs *infāme*, *rāre*, *hātif*, *affāble* ;

Dans les verbes *hāter*, *hāle*; *hābler*, *bācler*, *bāiller*, *bātir*, *blāmer*, *lācer*, *idolātrer*, *délābrer*, *sābrer*, *encādrer*, *se fācher*, *chātier*, *gāter*, *tācher*, *relācher*, *tāter*, *rāler*, *rāfler*, *rācler*, *gācher*, *gāgner*, *mācher*, *rabācher*, à tous les temps et à toutes les personnes ;

Dans tous les mots où l'*ā* est suivi de *tion* :

Déclamātion, *invocātion*, *nātion*, *exécrātion*, *explicātion*, *divagātion*, *navigātion*, *rātion*, *vexātion*, *incarcérātion*, *affectātion*, *admonestātion*, *fluctuātion*, *évacuātion*, *équitātion*, *natātion*, *prononciātion*, *organisātion*, etc., etc.

A la fin des mots, l'*ā* grave n'a lieu que dans les cinq mots en *āt* : *bāt*, *māt*, *climāt*, *dégāt*, *appāt* ; dans les mots en *as* : *ās*, *fatrās*, *galetās*, *coutelās*, *repās*, *chasselās*, *damās*, *frimās*, *lilās*, *platrās*; *bās*, *lās*, *cās*, *tās*, *ananās*, *appās*, *trépās*, *canevās*, *amās*, *échalās*, *galimatiās*, etc., et dans tous les noms propres en *ās* : *Nicolās*, *Thomās*, *Judās*, etc.

Poids, *bois*, *noix*, *trois*, se prononcent *pou-ā*, *bou-ā*, *nou-ā* et *tro-ā*.

L'ă aigu est toujours bref, l'ā grave est toujours long, mais l'ă aigu devient long sans rien changer à son émission, et l'ā grave, quoique déjà long, se prolonge davantage quand ces deux *a*, aigu ou grave, sont suivis d'une syllabe féminine. Exemples : *Dăme*, *āme*; *ăbăttre*, *mulātre*; *bălle*, *māle*.

Je crois qu'expliquées ainsi, les émissions différentes de cette voyelle ne peuvent plus présenter d'équivoques.

TROISIÈME LEÇON.

VOYELLES NASALES.

in, an, un, on.

On appelle nasales les quatre voyelles *in, an, un, on,* parce qu'il faut, pour les bien prononcer, que l'air, en s'échappant de la poitrine, passe par le nez.

Pour ces voyelles nasales, ne craignez jamais d'ouvrir trop la bouche ; plus vous l'ouvrirez, mieux vous prononcerez. Le seul danger est de ne point séparer assez les mâchoires. Si vous laissez votre bouche fermée ou seulement entr'ouverte en les articulant, vous rendez ces voyelles sourdes, gutturales, inintelligibles ; il sera impossible de vous comprendre ; vous serez persuadé d'avoir émis le son *an*, et ce sera *on* ou *un* que l'on aura entendu, et encore très confusément.

Les voyelles nasales, qui ne sont ni trop sonores ni trop agréables quand on les énonce bien, deviennent des sons rauques, révoltants pour toute oreille sensible, lorsqu'on néglige de les articuler comme il faut.

Je ne puis trop recommander d'y apporter une très grande attention ; comme aussi je ne puis trop prévenir, contre ces émissions nasales, les personnes du midi de la France : Marseillais, Bordelais, Toulousains ; ainsi que les étrangers : Italiens, Espagnols, etc. Ce n'est jamais *in, on, an* qu'ils font entendre en parlant, mais toujours *ì-ne, ŏ-ne, ă-ne.*

in, ein.

Lancez bien la voix, le plus en dehors possible ; ouvrez la bouche vivement, reculez en même temps les lèvres, et l'émission sera bonne :

Fin, bien, lin, hein.

an et en.

Même ouverture de bouche pour cette voyelle; seulement les lèvres ne doivent pas bouger, et la voix ne doit pas être poussée autant en dehors que pour *in, en entendant.*

un.

Les lèvres s'avancent, mais la bouche s'ouvre moins pour cette voyelle que pour les deux précédentes : *un,* chac*un,* import*un.*

on.

Enfin, pour bien prononcer cette dernière voyelle nasale, il faut que les lèvres s'allongent beaucoup plus que pour *un,* et que la bouche se resserre un peu, en faisant l'entonnoir, *bon, bon, long, front.*

Am, ean, em, en, un, ain, ein, eon, um, eun, ne sont toujours que les diverses représentations des quatre voyelles nasales que j'ai indiquées.

in.	**im.** **ein.** **aim.** **ain.**	que l'on prononce *in*.	*Joachim.* *Dessein.* *Faim.* *Sain.*
an.	**em.** **am.** **ean.** **en.** **aon.**	que l'on prononce *an*.	*Empereur.* *Ambassadeur.* *Jean.* *Ingrédient.* *Laon, paon.*
un.	**um.** **eun.**	que l'on prononce *un*.	*Parfum.* *Jeun.*
on.	**eon.**	que l'on prononce *on*.	*Plongeon, pigeon.*

QUATRIÈME LEÇON.

VOYELLES LABIALES.

e, eŭ, ō, eū, ou, u, i.

La manière dont je classe les voyelles doit abréger considérablement le travail, et le rendre excessivement facile à toutes les intelligences. En effet, dire : *Voyelles ouvertes*, c'est, tout de suite, faire savoir qu'il ne faut qu'ouvrir la bouche pour les bien prononcer ; dire : *Voyelles nasales*, c'est indiquer, en les nommant, la route que la voix doit suivre ; et dire : *Voyelles labiales*, c'est, d'un seul mot, faire comprendre que l'émission de ces voyelles ne peut être parfaite si elles n'ont les lèvres pour auxiliaires.

L'**e** MUET.

L'*e* muet exige que la bouche soit plus ouverte qu'elle ne doit l'être pour l'articulation de l'*é* fermé ; car, malgré sa dénomination, l'*e* muet ne l'est pas du tout quand on le prononce ; il n'est muet ou nul que lorsqu'on le supprime, comme dans le corps des mots et à la terminaison de toutes les finales féminines.

EXEMPLE :

Si votre Almaviva n'est pas en cette ville,
Que ferez-vous, ma chère, au balcon de Séville?

que l'on doit prononcer ainsi :

Si votr' Almaviva n'est pas en cett' vill',
Que f'rez-vous, ma chèr', au balcon d' Sévill' ?

Dans le corps des mots, comme dans *f'rez*, et dans toutes les finales féminines, l'*e* est donc nul et n'a point d'articulation qui lui soit propre ; les consonnes seules sont entendues. Mais, dans le *que* (du deuxième vers), il n'est plus muet, il est sonore, on doit l'entendre ; et, pour bien émettre le son de cette voyelle, il faut ouvrir la bouche et avancer un peu les lèvres : *e*, *eŭ*. Le son de l'*e* muet est guttural et se rapproche beaucoup du son aigu *eŭ* : *je jeŭne*, *se*, *seŭle*.

*Exercices sur l'*e *muet.*

Au commencement des mots, il n'y a point d'*e* muet.

Au milieu des mots, comme je l'ai déjà expliqué plus haut, l'*e* muet est nul quand il est seul : *mener*, *demander*, *vivement*, *copieusement*, *militairement*, se prononcent *m'ner*, *d'mander*, *viv'ment*, *copieus'ment*, *militair'ment*, etc.

La règle grammaticale dit avec raison qu'il ne peut y avoir deux *e* muets de suite dans notre prononciation ; donc, dans le corps des mots qui ont deux *e* muets, il faut en articuler un; presque toujours le premier : *revenir*, *devenir*, etc., doivent se prononcer, *rĕv'nir*, *dĕv'nir*.

Et, lorsqu'il se trouve une phrase composée de deux, de trois, de quatre ou de cinq *e* muets de suite, il faut toujours prendre pour règle celle que je viens de citer, et ne faire entendre qu'un *e* muet sur deux, en commençant ordinairement par le premier. Exemples : *de ce que je désire*, doit se prononcer ainsi : *dĕ c' quĕ j' dĕsir'*.

Remarque. Quoique l'*é* de *désir* soit marqué d'un accent aigu, il doit être prononcé comme un *e* muet ; l'usage le veut.

Enfin, lorsque deux *e* muets terminent un mot, il faut que le premier *e* muet perde son mutisme et qu'il se fasse entendre comme un *e* ouvert commun. Exemples : *demoiselle*, *bagatelle*, *péronnelle*, *flanelle*, *sentinelle*, *appelle*, etc., etc., doivent se prononcer : *péronnèlle*, *flanèlle*, *sentinèlle*, *appèlle*, etc., etc.

A la fin des mots, verbes, substantifs, ou adjectifs (excepté dans les monosyllabes *lĕ, mĕ, tĕ, cĕ, quĕ*, etc., où les *é* doivent être entendus), l'*e* muet ne se prononce jamais; il est toujours nul, et sa voyelle pénultième, qu'elle soit aiguë ou grave, demeure toujours longue.

Exemples : *date, grâce, absence, agréable*, etc., etc., se prononcent *dăt', grâc', absēnc', agrĕābl'*, etc.

C'est une règle que les étrangers doivent observer bien rigoureusement, s'ils veulent acquérir une bonne prononciation française.

Il est important de consigner ici une observation sur la prononciation de l'*e* muet à l'impératif. Beaucoup de grammairiens, de savants, ont écrit qu'il ne fallait point faire entendre l'*e* muet quand l'impératif était masculin. Par exemple, dans : *permettez-le-moi, voyez-le, enseignez-le-lui*, ils exigent la suppression de l'*e* muet, et font dire : *promettez-l'moi, voyez-l' , enseignez-l'lui*. C'est une erreur, une grande erreur, en bonne prosodie. Il faut prononcer : *promettez-lĕ-moi, voyez-lĕ, enseignez-lĕ-lui*, et appuyer sur l'*e* muet, comme dans les impératifs féminins : *dites-lĕ-lui, faitĕs-le bien*.

Nous n'avons d'exception à cette règle, maintenant générale, que dans quelques vers de nos anciens poètes, où la nécessité d'éviter un hiatus et de conserver l'harmonie du vers nous force à élider l'*e* muet.

Exemple : *Rendez-l'à mon amour, à mon vain désespoir*.

Ne confondez pas le son aigu *ĕu* avec le son grave fermé *eū*, celui que l'on entend dans *jeûne* (privation) et dans *jeux, eux, œufs*.

Dans le chant, tous les *e* muets doivent avoir le son *eŭ* indiqué ci-dessus. Vouloir faire autrement, et ne point les prononcer, c'est, incontestablement, ôter beaucoup à l'harmonie. De plus, ces élisions de l'*e* muet forcent le chanteur à dénaturer les phrases mélodiques; ce qui ne peut être approuvé par les gens de goût, et encore moins par les compositeurs. Il faut suivre la méthode des Grecs, qui, en chantant, font toujours l'*e* muet sonore.

Dans nous *faisons*, je *faisais*, tu *faisais*, il *faisait*, nous *faisions*, vous *faisiez*, ils *faisaient*, et au participe présent *faisant*, *ai* a le son de l'*e* muet.

L'eŭ AIGU.

Comme je viens de vous le dire, le son *eŭ* aigu a beaucoup de ressemblance avec celui de l'*e* muet. Il faut de même ouvrir la bouche, allonger légèrement les lèvres; le son *eŭ* est un peu moins guttural et un peu plus aigu, voilà tout; mais c'est une très légère différence : *Jeŭne, seŭle, aïeŭle.*

O grave.

Pour l'ō grave, c'est tout une autre formation que pour l'ŏ aigu. L'ŏ aigu, c'est l'ă aigu, à une très légère dissonnance près; je vous en ai parlé plus haut. Il y faut la même position de la bouche, le même moyen de lancer la voix; mais, pour l'ō grave, au contraire, rapprochez les dents, allongez les lèvres bien en dehors, resserrez-en les coins, de sorte que le dessin de la bouche, en cette position, représente tout à fait un petit rond, un *o* : *hôte, cōte, faūte.*

*Exercices sur l'*o *grave.*

Au commencement des mots, l'*o* est grave quand il est couronné de l'accent circonflexe, ce qui n'a lieu que dans le verbe *ôter* à tous les temps et à toutes les personnes : j'ôte, j'ôtais, j'ôterai, etc.

Il est grave quand il termine une syllabe et qu'il est suivi de la sifflante douce *s*, commençant une autre syllabe; exemple : *ōser*.

L'ō est long et le *h* est muet dans *hōte, hōtesse, hōtel, hōtellerie.*

Remarques. Au commencement des mots, *au* se prononce comme un ō grave dans : *aūge, aūbade, aūdience, aūguste, aūcun, aūtre, aūprès, aūtour, aūgure, aūbin, aūbaine, aūbe, aūbépine, aūbier, aūssi, aūdăcieux, aūditoire, aūdition, aūjourd'hui, aūmōne, aūnăge, aūparavant, aūlique, aūtan, aūtant, aūteur, aūtruche aūtŏ-dă-fé, aūvent, aūtrui, aūtrefois, aūtrement, aū, aūx.*

Sont exceptés les mots : *aŭgmenter, aŭgmentation, aŭrore, aŭ-*

réŏle, aŭriculaire, aŭstral, aŭstérités, aŭstère, aŭtel, aŭthenticité, aŭthentique, aŭtŏcratie, aŭtŏcéphăle, aŭtŏcrătŏr, aŭtŏgrăphe, aŭtŏmne, aŭtopsie, aŭtŏrisātion, aŭtŏrité, ăuxiliaire, lesquels mots se prononcent toujours avec le son de l'*o* aigu et bref.

Heau dans *heaumerie, heaumes,* se prononce *ō*.

Hau, au commencement des mots, se prononce toujours comme un *ō* grave. Les voici tous : *hāut, hāutement, hāuteur, hāutain, hāutaine, hāubert, hāubans, hāutesse, hāusse-col, hāusser, hāut-bois.*

Au milieu des mots, l'ō est toujours grave quand il est circonflexe : *rôle, atôme, pôle, dôme, malcôme, trône, Ancône; nôtre, vôtre,* etc.

Il en est de même dans les mots en *ome,* en *ole* et en *one : amazōne, tōme, cōne,* etc.

O est grave dans les mots en *otion : émōtion, pōtion, dévōtion,* etc.

Dans *peāussier, épeāutre, Beāune, eau* se prononce *ō*.

L'*o* est toujours grave quand il termine une syllabe et qu'il est suivi de la sifflante douce *s* commençant une autre syllabe.

Exemples : *pō-ser, rō-se, rō-sier, gō-sier, explō-sion,* etc., etc.

Au, au milieu des mots, a le son de ō. Cette règle est presque sans exception, et s'applique à un très grand nombre de mots, en voici quelques-uns : *bāudet, bāudrier, pāuvre, sāumon, sāule, gāuffre, gāule, bāume, Guillāume,* etc., etc.

Les exceptions sont : *lăurier, Lăure, Dufăure.*

O est grave dans *fōsse, grōsse, Sărăgōsse;* dans les autres mots en *osse* il est aigu.

A la fin des mots, la voyelle ō est toujours grave.

Il n'y a guère de cette sorte que des noms propres : *Abdénagō, Iō, Sanchō, Cliō, Riegō,* etc., etc.; des noms de lieux, *Lugānō,* etc., et les mots suivants : *ex-abruptō, ab ovō, mémentō, musicō, numérō, adagiō, bravō, incognitō, cōcō, indigō, cacaō, dominō* et l'expression vulgaire *tout de gō.*

Il y aussi le *Pô* et *Saint-Lô,* mais, dans ces deux mots, l'ō porte accent circonflexe.

Les terminaisons *ôt* et *ot* se prononcent ō : *sitôt, rôt, aussitôt, suppôt, dépôt, prévôt, impôt, mōt, sōt, marmōt, abricōt, billōt, Jeannōt, vieillōt, cŏquelicōt, hŏchepōt,* etc., etc.

La terminaison *oc* se prononce également ō lorsque le *c* ne se fait pas entendre : *crōc, răccrōc, ăccrōc, brōc.*

La terminaison *os* se prononce, comme les précédentes, ō. Voici presque tous les mots de cette sorte : *lōtōs, chăōs, hérōs, campōs, dispōs, dōs, ōs, grōs, repōs, clōs ;* le *s* se fait entendre dans *Argōs, Lesbōs, Minōs,* et dans les autres noms propres en *os.*

Aud se prononce ō dans *Căbillāud, Archambāud, Bertāud, Renāud, Grimāud, Arnāud, patāud;* de même pour *auld : La Rochefoucāuld;* et pour *ault : Boursāult, Perrāult, Pigāult-Lebrun, Dessāult, l'Hérāult* et *Girāult-Duvivier.*

Ail fait, au pluriel, *aulx,* qu'on prononce ō.

Aut se prononce ō grave dans : *défāut, Quināut, quartāut, ārtichāut, Thibāut,* l'*Escāut; levrāut, taïāut, sāut, Mirāut, hérāut,* ainsi que dans *Brunehāut.*

Aux, à la fin des mots, se prononce de même ō grave : les carmes *déchāux, Despréāux, fāux, Clairvāux, Roncevāux,* la *chāux, Grandvāux* et le bon pays de *Cāux.*

Nous avons vu que *au* est grave au commencement et au milieu des mots ; il est de même quand il est final ; exemples : *préāu, boyāu, sarrāu, joyāu, pilāu, gruāu, aloyāu, étāu, fabliāu, fléāu, noyāu* et le roi *Pétāu.*

Le *x* qui forme le pluriel de ces noms n'en change point la prononciation : *étaux, joyaux.*

Eaux et *eau* se prononcent toujours ō : les *géme𝑎̄ux,* les *oiseāux, Meāux, Cîteāux; peāu, cerveāu, museāu, oiseāu, moineāu, panneāu, tableāu, anneāu, arbrisseāu, barreāu, bureāu, chalumeāu, lapereāu, morceāu,* et autres mots en *eau* et en *eaux.*

eū grave.

Même travail d'articulation pour cette voyelle, à la différence que, comme le son de l'*eū* grave doit être plus sourd, plus fermé que celui de l'ō grave, il faut en forcer et en serrer davantage le mouvement. Poussez ferme les lèvres : *jeūne* (abstinence), *œūfs, eūx, feūx, jeūx.*

ou.

Même position des lèvres, même force dans le mouvement d'articulation. La différence du son *ou* d'avec les sons *ō*, *ĕu*, *eū*, consiste en ce que la bouche doit faire entonnoir ; la voix, ainsi gênée dans son émission, vient se briser au milieu du palais, et ne peut sortir qu'avec une grande peine : *coucou*, *ou*, *loup*, *fou*.

u.

Toujours même allongement des lèvres, mais encore plus de force. Les joues doivent s'aplatir sur les dents, et la voix doit être lancée avec une très grande vigueur, tout à fait à l'extrémité des lèvres : *hue !* *hurluberlu*, *lu*.

*Exercices sur l'*u.

Au commencement des mots, *u* se prononce u : *univers*, *Ulysse*, *Uric*, *Uranie*, etc., etc.

Hu se prononce *u* dans *humérus*, *hurluberlu*, *hue*, on le *hue*, *huppé*, *Hugues*, *humer*, *humide*, *hurler*, *humain*, *hutte*, *huguenot*, *hure*, la *hune* et *huche*.

Le mot *eu*, participe du verbe avoir, se prononce *u* dans j'ai *eu*, tu as *eu*, etc. ; dans j'*eus*, tu *eus*, il *eut*, et à tous les temps et à toutes les personnes de ce verbe où *eu* est initial ; nous *eûmes*, vous *eûtes*, ils *eurent*, etc.

Au milieu des mots, *u* se prononce également *u*. *Jupiter*, *musique*, *statuaire*, *furie*, *duvet*, *allume*, etc.

Hu a ce même son dans *inhumer*, *exhumer*, verbes composés de *humer*, que nous avons vu plus haut. Il se prononce aussi *u* dans *posthume*, *rhume*, *rhumatisme*, *enrhumer*.

A la fin des mots, *u* se prononce toujours *u* : *cru*, *malôtru*, *inconnu*, etc. *Bru*, *tribu*, *glu*, *vertu*, sont les seuls mots féminins en *u*. Le son *u* s'écrit *ue* dans tous les autres substantifs et adjectifs féminins : *inconnue*, *rue*, *nue*, etc. *Hu* final n'a lieu que dans *Jéhu* et *copahu*.

Dans *cohue*, *hue* se prononce *u*; c'est le seul mot.

Us final se prononce *u* dans *talus*, *pus*, *jus*, *dessus*, *verjus*, *calus*, *chou cabus*, *plus* (pour *pas* ou *point*), *abus*, *camus*, *inclus*, *refus*. Lorsque le mot *plus* signifie *davantage*, on doit en faire entendre la sifflante *s*. Il en est de même dans *Vénus*, *Achéloüs*, et autres noms propres en *us* et dans *agnus*, *castus*, *angelus*, *fétus*, *motus*, *quitus*, *rasibus*, *rébus*, donner en *sus*, *us*.

Ut dans *salut*, *affût*, *rebut*, *scorbut*, *tribut*, etc., a le son *u*. Le *t* sonne dans *brut*, *but*, *chut*, *luth*, *Ruth*, *ut*. Dans *flux* et *reflux* on n'entend que le son de l'*u*. *Pollux* se prononce *Polluc-se*.

I.

C'est tout un autre système pour l'*i*. Rapprochez les dents, fermez la bouche, faites revenir les lèvres le plus que vous pourrez sur elles-mêmes, qu'elles viennent se coller aux dents ; et, en même temps, que les coins de la bouche s'écartent et s'enfoncent, pour ainsi dire, dans les joues, comme si elles voulaient les traverser pour atteindre jusqu'aux oreilles : *ici*, *midi*, *ivre*, *fini*.

*Exercices sur l'*i.

I, *au commencement des mots*, se prononce toujours *i*; *ici*, *idiōme*, *image*, *idole*, *idée*, *ignorant*, *illégal*, *inévitable*, *immortel*, etc., etc. Quand l'*i* est suivi de deux consonnes dissemblables commē *mp*, *mb*, *nc*, *nd*, *nf*, *ng*, *nj*, *nl*, *nq*, *ns*, *nt*, *nv*, il se prononce nasalement *in*; *imprimer*, *imposer*, *implacable*, *imbroglio*, *incendie*, *indigo*, *infanterie*, *ingérer*, *injure*, *inquisition*, *insulte*, *intérêt*, *inventeur*, etc.

Sont exceptées les combinaisons des consonnes *nh*, *sr*, et *vr*, où l'*i* reprend sa prononciation naturelle *i* : *i-nhabiter*, *i-sraélite*, *i-vrogne*, etc., etc.

Remarques. Le *h* est aspiré dans *hibou, hideux, hiérarchie, hisser, hie;* il est nul dans *histrion, histoire, hilarité, hier, hiver, hirondelle, Hippocrène, Hippomène, Hippocrate,* et dans les mots qui viennent du grec ὕδωρ, *eau*, ὑπὸ, *sous* et ὑπὲρ, *sur;* tels sont *hydropisie, hypocrite, hyperbole.*

Dans *yeuse, yacht,* et dans les noms propres *Yves* et *Young*, *y* se prononce *i*.

I, au milieu des mots, se prononce *i* : *militaire, Goliath, affilier, devideur, enfiler, enivrer, expirer,* etc.

Remarques. Dans le substantif *cahier* et dans les six verbes *envahir, trahir, ébahir, annihiler, prohiber, exhiber*, et dans leurs dérivés, *hi* se prononce ï sans la moindre aspiration.

Dans *Moïse, Laïs*, l'*i* tréma se prononce comme l'*i* ordinaire.

Au milieu des mots, y se prononce toujours *i*, exemples : *Sylla, Cyrus, Cambyse, martyre, lyre, Cythère, cyprès, Hippolyte, synonyme, Égypte,* etc., etc.

Dans nous *priions*, vous *priiez*, que nous *priions*, que vous *priiez*, le premier *i* est long. Ces deux *i* ont lieu à la première et à la deuxième personne du pluriel de l'imparfait de l'indicatif et du présent du subjonctif des verbes terminés au participe présent par *iant*, comme *étudiant, priant*, d'étudier, prier, etc.

Selon les règles de la prosodie française, qui veut que toute voyelle précédant une voyelle muette soit longue, l'*i*, au milieu des mots, est long dans *gīte, gīvre, voltīge, empīre, surprīse, délīvre,* etc., etc.

Si l'*y* est précédé de la voyelle *o* comme dans *royal*, il se prononce *ă i*, comme je l'ai expliqué en traitant l'a aigu.

I, à la fin des mots, se prononce *i, fourmi, merci, ici, défi, appui, autrui, ami.*

Remarques. Dans *spahi*, *hi* se prononce *i* sans aspiration; il en est de même dans *envahi, trahi, ébahi,* participes passés des verbes envahir, trahir, ébahir, dont j'ai parlé plus haut. Il n'y a guère que *tory, penny*, et quelques noms propres, *Scudéry, Bailly, Sully, Cluny, Neuilly*, etc., etc., qui se terminent par *y*, et cet *y* se prononce *i* bref.

Ye dans le mot *Libye* se prononce *i* bref; c'est le seul mot de cette sorte.

Ic se prononce *i* bref dans *arsenic, cric,* seuls mots.

Ict se prononce *i* bref dans *amict*, linge d'église, c'est le seul mot de cette sorte.

Ist se prononce *i* bref dans *Jésus-Christ, Christ* (seul) se prononce *criste.*

Id se prononce *i* bref dans *muid, Madrid, nid*; seuls mots.

Ie, à la fin des mots, se prononce *i* bref, c'est ce qui a lieu dans les substantifs masculins *incendie, génie, bain-marie*, et dans tous les noms propres masculins, *Tobie, Sosie, Zacharie, Jérémie*, etc., etc., et dans tous les substantifs féminins qui ont cette terminaison: *folie, vie, envie, Athalie*, etc., etc.

Il se prononce *i* bref dans *baril, outil, nombril, coutil, persil, chenil, fenil, sourcil* et *fusil;* il n'y a guère que ces huit mots.

Is, comme terminaison, se prononce toujours *i* bref, *rubis, radis, buis, parvis, paradis, Louis, commis, avis, marquis, brebis, souris*, etc.

It final se prononce *i* bref. Il *entendit*, il *vit, circuit, habit, répit, minuit, débit, bruit, crédit*, etc., etc.

Its se prononce *i* bref dans *puits, Nuits* (ville).

Ils se prononce *isse* dans *fils*.

Ix se prononce *i* bref dans *perdrix, prix, crucifix ; six* et *dix* suivis d'un substantif commençant par une consonne se prononcent *i* : *six prix, dix crucifix.*

Dans les deux mots *Isăïe, Achăïe, ïe* se prononce *i* bref.

Dans *Esăï, ădonăï, ăï, hăï, ï* se prononce *i*.

Je résume tout ceci en vous remettant sous les yeux le précédent tableau des voyelles, que vous devez, à présent, parfaitement comprendre.

TABLEAU DES VOYELLES

D'APRÈS MA MÉTHODE.

CROISSANCE PROGRESSIVE.

1re	**é**	fermé	(petite ouverture de bouche) :	*été, il sait, et.*
2e	**è**	ouvert commun	(ouvrez la bouche) :	*père, mère, elle.*
3e	**ē**	grave	(ouvrez un peu plus) :	*trēs, ānglāis, ēst.*
4e	**ê**	très ouvert	(encore plus, mais sans effort) :	*honnête, fête, prête.*
5e	**ŏ**	aigu	(de même pour celle-ci) :	*cŏcŏtte, aŭrŏre, Laŭre.*
6e	**ă**	aigu	(toujours plus) :	*lă, fă, păpă, n'ă.*
7e	**ā**	grave	(le son change, le mouvement n'est plus le même que pour l'a aigu, mais la bouche ne s'en ouvre pas moins) :	*cās, lās, pās.*
8e	**in**	nasal	(la bouche très ouverte avec effort) :	*fin, hein, sain, cinq.*
9e	**an**	nasal	(encore plus si c'est possible) :	*grand, blanc, francs.*

DÉCROISSANCE PROGRESSIVE.

10e	**e**	muet	(ouverte sans effort) :	*le, me, te, se,*
11e	**eŭ**	aigu	(de même) :	*seŭl à seŭl.*
12e	**ō**	grave	(la bouche commence à se refermer, les lèvres se joignent en s'allongeant) :	*cōte à cōte.*
13e	**un**	nasal	(même mouvement quant à la fermeture de la bouche) :	*un, brun.*
14e	**on**		(un peu plus rapprochée) :	*long, bonbon.*
15e	**eū**	grave	(davantage encore) :	*jeūx, bœūfs, œūfs.*
16e	**ou**		(encore plus) :	*joujou, coucou.*
17e	**u**		(fermeture complète de la bouche) :	*jujub, su, hu.*
18e	**i** ou **y**		(de même, moins les lèvres) :	*ici, fini.*

DIPHTHONGUES.

Il ne me reste plus, pour compléter mon travail sur les voyelles, qu'à vous dire quelques mots des diphthongues.

Vous savez qu'une diphthongue est une syllabe qui fait entendre deux sons distincts prononcés en une seule émission de voix. Il est donc facile de les bien articuler, en se rappelant le son et le mouvement de chacune des deux voyelles qu'elle représente. *Dieu*, par exemple, se compose de la dix-huitième et de la quinzième voyelle *i* et *eū*. Eh bien ! comme vous en savez le mécanisme, que vous en avez étudié le son séparément, vous ne pouvez vous tromper en les articulant quoiqu'elles soient réunies : *Di-eū*. Et ainsi des autres : pied, *pi-é* ; lui, *lu-i ;* biais, *bi-ais*.

Seulement, il est à remarquer que dans les diphthongues *oi*, *ois*, *oui*, bien des personnes, sans y songer, sans s'écouter, prononcent *moi* comme *mois*, *mois* comme *moi ; Louis* comme *lui*.

Loi, *moi*, *foi*, *bois* (verbe) , doivent se prononcer *lŏă*, *mŏá* , *fŏa*, *bŏă ;* et *mois*, *bois* (substantif), pois, Louis, comme s'il y avait : *mou-ā*, *bou-ā*, *pou-ā*, *Lou-i*.

Voici, dans tous les cas, pour surcroît de précaution, une table exacte des différentes diphthongues, avec leurs prononciations diverses; elle sera bonne à consulter dans un moment d'oubli ou d'incertitude :

ai.	mail, ail,	se prononcent	*mă-ie, ăie.*
ia.	fiacre, diacre,		*fi-ăcre, di-ăcre.*
ié.	lié, pied,		*lié, pié,*
iè.	pierre, fière,		*piē-rre, fi-ēre.*
iai.	biais,		*bi-āis, bi-ēs.*
oi.	loi, mois,		*lŏ-ă, mŏ-ă* [aigu et bref].
eoi.	bourgeois,		*bourgeŏ-ă.*
ouai.	ouais,		*ou-ĕs, ĕ* [très ouvert].
oin.	soin,		*so-in, so* [bref], *in* [nasal].
ouin.	baragouin,		*baragou-in.*
io.	mioche,		*mi-ŏ-che.*
ien.	bien,		*bi-in.*
ian.	viande,		*vi-ande.*
ien.	ingrédients,		*ingrédi-ān.*
ieu.	lieu,		*li-ĕu.*
ion.	Lyon, pion,		*li-on, pi-on.*
iou.	chiourme,		*chi-ourme.*
oë.	poète, moelle,		*pŏ-ēte, mŏ-èlle.*
oua.	louange,		*lou-ānge.*
ua.	équateur,		*équou-ā-teur.*
oue.	ouest,		*ou-ĕss-tte.*
oui.	Louis,		*Lou-is.*
uel.	écuelle,		*écu-èlle.*
ui.	lui,		*lu-i.*
uin.	juin,		*ju-in* [nasal].

Maintenant, que je crois vous avoir expliqué clairement, en peu de mots, le mécanisme articulaire de nos voyelles, je vais y joindre encore, pour plus de précaution et comme complément, un aperçu, un petit modèle de travail que vous devrez chercher à imiter toutes les fois que vous lirez à haute voix, ou que vous apprendrez quelque chose par cœur pour le réciter.

MODÈLE DE L'EXERCICE.

Je lui disais, messieurs, aux répétitions,
Tu te trompes, mon cher, dans les intentions ;
Ce n'est point ça, du tout, du tout, du tout ; parole :
Ta physionomie est bête, mais non folle ;
Et l'on ne t'entend pas. Hurle comme un démon ;
Ne te lasse jamais de donner du poumon.
J'ai fait de la folie une étude profonde ;
Et, j'en sais, là-dessus, plus que personne au monde.
Je suis certain, messieurs, que vous ignorez tous,
Quand, comment et pourquoi vous êtes de vrais fous ?
C'est un secret d'en haut, inconnu sur la terre...
Eh bien, je l'ai volé ce secret..., ce mystère !
J'ai forcé la nature à me traiter en Dieu ;
Je sais d'où vient le mal, et comment il a lieu.
Pour vous convaincre, il faut que je vous le révèle ?..
Soit. Vous croyez qu'un fou peut vivre sans cervelle ?
Erreur, erreur ; le mal n'est point dans le cerveau.
Il est... dans les poumons... N'est-ce pas ? c'est nouveau.

EXERCICE VOCAL.

Jĕ lui disē, mē-sieū, ô ré-pé-ti-cion,
Tu tĕ tron-pe, mon chèr, dans lēs-in-tan-cion ;
Cĕ n'ē pŏ-in çă, du tou, du tou, du tou ; pă-rŏl :
Tă fi-zi-ŏ-nŏ-mie ē bête, mē non fŏl ;
É l'on n't'an tan pā. Ur-lĕ cŏ-m' un dé-mon ;
Nĕ tĕ lâ-ce jă-mē dĕ dŏné du pou-mon.
J'é fē dĕ lă fŏ-lie u-n' é-tu-d' prŏ-fon-d' ;
É, j'an sé, lă d'sŭ, pluss' quĕ per-sŏ-n' ō mond'.
Jĕ su-i cèr-tin, mē-sieū, quĕ vou-zi-gnŏ-ré tou-sse,
Kan, cŏ-man é pour kŏ-ă vou-zète dĕ vrē fou ?
Cē t'un sĕ-crē d'an hō, in-cŏ-nu sur lă tèrr...
É bi-in, jĕ l'é vŏ-lé cĕ sĕ-crē..., cĕ miss-tèr' !
Jé forcé lă nă-tŭ-re à mĕ tré-té-ran Di-eū ;
Jĕ sé d'oū vi-in le măl, é co-man-t-il ă lieū.
Pour vous convin-cre, il fô quĕ jĕ vous l'révèl ?..
Sŏ-ăte. Vous crŏ-ă-ié kun fou peū vivre san cèr-vèl ?
Er-rĕur, èr-reŭr ; lĕ măl n'ē pŏ-in dans l'cèr-vō.
Il ē dans lē pou-mon... N'ēst-ce pās ? c'ē nou-vō.

Et cependant, c'est vrai. La preuve en est facile,
Et vous le comprendrez...; ce n'est pas difficile :
Nous avons deux poumons pour prendre et respirer?
Eh bien ! quand l'un des deux manque pour aspirer,
Qu'il se trouve en retard, pris dans le vestibule
Sus-glotide, cet air brise et démantibule
L'organisation respiratoire ; alors,
Le fluide étranger, mettant le trouble au corps,
Jette notre machine en une grande gêne :
L'azote part en bas, en haut tout l'oxygène,
Comme vous le savez, l'oxygène est le sang,
Et l'azote un poison que malgré soi l'on prend,
Mais qu'il faut rejeter ; car, en gardant l'azote,
Le bien se change en mal, la raison devient sotte ;
Le poumon travailleur avale le poison,
Et l'autre le conserve en véritable oison !
Rien ne va plus alors. Eh ! donc ! on perd la tête,
Quand on a, près du cœur, un poumon aussi bête.

É c'-pan-dan, c'ē vrē. Lă preŭv' an n'ē fā-cil,
É vous l' con-pran-dré..; cĕ n'ē pās difcil :
Nou-z'ăvons deū poumon pour pran-dr-é rèss-pi-ré?
É bi-in ! kan l'un dē deū manque pour ăss-pi-ré,
Qu'il sĕ trou-v- an-r'-tar, pris dans lĕ vèss-ti-bul
Suss-glo-ti-de, cèt èrr bri-z'-é dé-man-ti-bul
L'ŏr-gă-ni-zā-ci-on rèss-pi-ra-tŏ-ă-re ; ă-lŏr
Lĕ flu-i-d' é-tran-gé, mè-tan lĕ trou-bl'ō-cŏr,
Jētt' nŏtre măchi-n'-an n-un' grand' gên';
L'ă-zŏt' par-an bas, an hô tou l'ŏc-cigēn'.
Cŏ-m' vous l' săvé, l'ŏc-cigēn' ēst l' san,
É l'ă-zŏt' un pŏ-ă-zon quĕ măl-gré sŏ-ă l'on pran,
Mē qu'il fō rĕ-j'-té ; căr, an gar-dan l'ă-zot',
Lĕ bi-in sĕ chan-j'-an măl, lă rè-zon dĕ vi-in sŏtt';
Lĕ pou-mon tră-vă-ill-eŭr ă-văl lĕ pŏ-ă-zon,
É l'ōtre lĕ con-ser-v-an vé-ri-tă-bl-ŏ-ă-zon !
Ri-in ne vă plū z-ă-lŏr'. É, donk ! on pèr lă tèt',
Kan t-on n-ă, prē du keŭr, un pou-mon ō-ci bêt'.

CINQUIÈME LEÇON.

DES CONSONNES.

Avant de parler du nombre de nos consonnes, faisons une observation sur la manière de les nommer.

Autrefois, on faisait sonner les consonnes à l'aide de voyelles sonores, c'est-à-dire que b, c, d, f, g, h, l, m, n, p, q, r, s, t, v, x, z, se prononçaient, *bé, cé, dé, effe, gé, ache, elle, emme, enne, pé, qu, erre, esse, té, vé, icse, zède ;* mais les inconvénients de cette méthode engagèrent MM. de *Port-Royal* à en proposer une nouvelle, plus simple et plus applicable à toutes les langues. « Il est certain, disent ces célèbres et profonds grammairiens (1re p., ch. 6), que ce n'est pas une grande peine à ceux qui commencent à lire que de connaître simplement les lettres, mais que la plus grande est d'apprendre à les assembler. Or, ce qui rend maintenant cela plus difficile, c'est que, chaque lettre ayant son nom, on la prononce seule, autrement qu'en l'assemblant avec d'autres. Il semble donc que la voie la plus naturelle, comme quelques gens d'esprit l'ont déjà remarqué, serait que ceux qui montrent à lire n'apprissent d'abord aux enfants à connaître leurs lettres que par le nom de leur prononciation, et qu'on ne leur nommât les consonnes que par le son propre qu'elles ont dans les syllabes où elles se trouvent, en ajoutant seulement à ce son propre celui de l'e muet qui est l'effet de l'impulsion de l'air nécessaire pour faire entendre la consonne ; par exemple, qu'on appelât *be* la lettre *b*, comme on la prononce dans la dernière syllabe de *bombe*, ou dans la première de *besogne ; de*, la lettre *d*, comme on l'entend dans la dernière syllabe de *monde*, ou dans la première de *demande; fe*, la lettre *f; ne*, la lettre *n; me*, la lettre *m;* et ainsi des autres qui n'ont qu'un seul son.

Que, pour les lettres qui en ont plusieurs, comme *c*, *q*, *t*, *s*, on les appelât par le son le plus naturel et le plus ordinaire, qui est au *c* le son de *que;* au *g* le son de *gue;* au *t* le son de la dernière syllabe de *forte;* et à l'*s* celui de la dernière syllabe de *course.*

Ensuite, qu'on leur apprît à prononcer à part, et sans épeler, les syllabes *ce*, *ci*, *ge*, *gi*, *tia*, *tié*, *tie*, etc., et qu'on leur fît entendre que le *s*, entre deux voyelles, sonne, à quelques exceptions près, comme un *z*: *misère* se prononce de même que s'il y avait *mizère.*

Mais, quoique cette nouvelle méthode ait de grands avantages sur l'ancienne, *quoiqu'elle habitue à une bonne prononciation*, en faisant donner à chaque syllabe son vrai son et sa juste valeur ; *quoiqu'elle fasse disparaître tout accent vicieux*, et qu'elle diminue les difficultés de l'appellation; cependant elle resta longtemps dans l'oubli, par cela seul qu'elle était contraire à la pratique générale ; mais enfin l'empire du préjugé commence beaucoup à s'affaiblir, *et, dans peu, elle sera, selon toute probabilité, la seule en usage.* »

Cette méthode qui habitue à une *bonne prononciation*, qui fait *disparaître tout accent vicieux*, et qui ne trouva pas un seul contradicteur, n'a pu, malgré ces avantages incontestables, parvenir à prendre place dans l'éducation publique. Voilà près de deux siècles qu'elle attend !... Oui, messieurs, ces lignes que je viens de citer furent écrites par les plus grands esprits du siècle de Louis XIV, MM. de *Port-Royal*, savants illustres qui marquèrent au sceau du vrai génie tout ce qui sortit de leur immortelle société !

Girault-Duvivier, dans lequel je les prends (tome Ier, page 28), les répéta depuis, et sans beaucoup de succès.

On tente, il est vrai, en ce moment, quelques essais de cette excellente méthode dans plusieurs maisons d'éducation, mais on ne prend que la forme et non le fond, l'ombre et non la réalité ; c'est-à-dire que presque tous les professeurs chargés de cette partie de l'enseignement, n'en comprenant pas eux-mêmes l'importance, ne l'ayant étudiée que trop superficiellement, se contentent de faire appeler les lettres de cette manière comme ils le faisaient de l'autre, sans y voir rien de plus, sans chercher à faire articuler, sans indiquer les parties de la bouche qui doivent concourir plus spécialement à la formation de chaque consonne, enfin sans exiger le mouvement nécessaire à sa véritable appellation, ce qui est tout. L'élève, sans cela, ne saurait arriver qu'à un résultat négatif, ou, du moins, très-imparfait.

Quant à moi, ce que je puis affirmer, après vingt-cinq ans d'expérience pratique, c'est qu'ayant pris cette méthode pour base de mon enseignement, jamais elle ne me fit éprouver d'échec ; jamais, avec ces principes, je ne rencontrai d'obstacles insurmontables ; des milliers de défauts de prononciation furent corrigés par moi, même les plus rebelles, les grasseyements, les bégaiements... et tous avec la plus grande facilité, sans fatigue et sans ennui pour l'élève.

Espérons qu'un jour, lorsque les chefs de l'instruction publique prendront une toute-puissante initiative dans cette question, question des plus sérieuses pour le perfectionnement de l'art de la parole en France, nous pourrons redire, avec les profonds grammairiens de Port-Royal, que, *bientôt, cette méthode sera, selon toute probabilité, la seule en usage.*

Les consonnes, par cette nouvelle appellation, sont toutes masculines.

b, c, d, f, g, h, j, k, l, m, n, p, q, r, s, t, v, x, z,

doivent se prononcer

be, que, de, fe, gue, he, je, ke, le, me, ne, pe, que, re, se, te, ve, kse, ze.

Me servant du même procédé que celui que j'ai pris pour mieux faire comprendre les mouvements de la bouche dans les différents degrés d'articulation des voyelles, je rassemble les consonnes par catégories, par familles pour ainsi dire, et je tire leur nom de l'organe particulier qui contribue à leur formation. Par exemple, toutes les consonnes qui se forment avec le concours des lèvres, je les nomme *labiales;* celles qui exigent un mouvement de la langue s'appellent *linguales;* et ainsi de suite. De cette manière, leur nombre diminue beaucoup, la difficulté s'aplanit considérablement; et tout le travail se borne à étudier les combinaisons articulaires de neuf à dix mouvements de la bouche.

Voici, d'après ma méthode, le tableau exact des consonnes, classées comme sons naturels et comme sons accidentels :

TABLEAU DES CONSONNES

D'APRÈS MA MÉTHODE.

LABIALES FORTES.

j.	fort.	*juge.*
g.[1]	son accidentel.	*geôle.*
ch.	plus fort.	*choc.*

LABIALES DOUCES.

m.	doux.	*même.*
b.	fort.	*bombe.*
p.	plus fort.	*pompe.*

DENTI-LABIALES.

v.	doux.	*vive.*
f.	fort.	*fifre.*
ph.	fort accidentel.	*philtre.*

SIFFLANTES AIGUËS.

s.		*soi.*
c.	son accidentel.	*ceci.*
t.	—	*action.*
x.	—	*Auxerre.*
z.	—	*Retz.*

SIFFLANTES DOUCES.

z.		*zig-zag.*
s.	son accidentel.	*Asie.*
x.	—	*deuxième.*

LINGUALES. — SOMMO-LINGUALES.

n.	doux.	*Ninive.*
l.	fort.	*Lille.*
d.	plus fort.	*dans.*
t.	très fort.	*temps.*
r.	rude.	*rire.*

RADICO-LINGUALES DURES.

k.		*Kean* (Kine)
q.		*quoique.*
c.		*coco.*
ch.	son accidentel.	*Calchas.*
g.	—	*sang odieux*
x.	—	*excès.*

RADICO-LINGUALES DOUCES.

g.		*grand.*
c.	son accidentel.	*second.*
x.	—	*Xercès.*

RADICO-LINGUALES SIFFLANTES.

x.		*Xantippe.*

TOTO-LINGUALES (sons mouillés).

ll.		*fille.*
lh.		*Pardailhan*
gn.		*seigneur.*

GUTTURALE.

h.	forte aspiration.	*héros.*

(1) Le son naturel du *g*, comme on l'a vu plus haut, étant *gue*, j'ajoute à cette consonne, ainsi que je l'ajouterai à toutes les autres, le mot *accidentel*, pour bien faire comprendre la raison du changement d'articulation.

Maintenant, voici les moyens qu'il faut mettre en usage pour les bien prononcer.

LABIALES FORTES.

Pour les labiales fortes, *j*, *g* (son accidentel) et *ch* : allongez les lèvres en diminuant l'ouverture de la bouche ; serrez les dents... et poussez l'air avec force : *j*, *g*; *juge*.

Redoublez ce même mouvement pour *ch*: *chiche*.

LABIALES DOUCES.

Vous n'avez qu'à joindre les lèvres, les appuyer l'une sur l'autre avec vigueur, en mettant une force progressive dans l'articulation de ces trois consonnes, *m*, *b*, *p*; appuyer pour *m*, *même*; plus pour *b*, *bombe*; et doublement pour *p*; *pape*.

DENTI-LABIALES.

Ce mouvement d'articulation exige que les dents supérieures viennent, par le milieu, couper la lèvre inférieure ; avec force pour *v*, *vive*; et en doublant la pression pour *f*, *ph* (son accidentel), *fifre*, *philtre*.

DENTALES OU SIFFLANTES.

Pour les sifflantes aiguës, serrez les dents, rapprochez vos lèvres, collez-les avec le plus d'effort possible, — qu'elles soient plaquées contre les dents, et minces, à n'en laisser voir à peine qu'un petit filet rouge ; puis, les dents et les lèvres placées ainsi, chassez l'air vigoureusement en dehors ; faites un sifflement : *c*, *s*, *t* (son accidentel), *x* (id.), *z* (id.) : *ceci*, *si*, *action*, *Auxerre*, *Lopez*.

SIFFLANTES DOUCES.

Pour les sifflantes douces, ne changez rien ; diminuez seulement la force de pulsation de beaucoup, au moins de la moitié : *z*, *s* (son accidentel), *x* (id.), *zig-zag*, *Asie*, *deuxième*.

LINGUALES.

SOMMO-LINGUALES.

Pour les sommo-linguales, il faut que le bout de la langue se lève et frappe le palais à son extrémité, près des dents, *n, l, d, t, r*. Elles sont ici placées par ordre de force progressive. La moins dure à prononcer est *n, nonne;* on augmente la force pour *l, Lille;* plus pour *d, dada;* on frappe encore plus fort pour *t, tête*. Mais ce n'est plus un simple frappement que vous devez faire pour le *r*, c'est une vibration; la bouche s'ouvre davantage, toute la largeur de l'extrémité de la langue va se joindre au palais, intercepte l'air qui s'échappe de la poitrine; cet air, comprimé, cherche une issue, pousse la langue avec vigueur, s'échappe, et, le bout de la langue revenant toujours à sa place et résistant toujours à chaque pulsation, occasionne un nombre de petits frappements, de frôlements, qui forment ce qu'on appelle une vibration.

Voilà ce que vous devez faire pour articuler le *r;* mais peut-être, après plusieurs essais, vous verrez-vous dans l'impossibilité de réussir. — Alors vous grasseyez. Votre langue, trop molle, trop paresseuse, reste morte dans la bouche; vous faites, au lieu d'une vibration, un mouvement guttural, en agitant la luette, ce qui produit un son sourd, rauque, très désagréable à l'oreille. Beaucoup de personnes ont ce défaut : — les Parisiens d'abord, ensuite les Rouennais, les Marseillais, etc., etc., etc.

Plus loin, à la huitième leçon, page 76, je vous indiquerai les moyens de corriger la vicieuse prononciation de cette consonne.

RADICO-LINGUALES DURES.

Pour les radico-linguales dures, la langue se lève par le milieu, près de sa racine, et frappe avec force le palais; c'est un mouvement presque guttural : *c, q ; k, g* (son accidentel), *ch* (id.), *x* (id.), *cōcō, quoique, Kărr, sang-ōdieūx, Călchās, Xérès* (quérēsse).

RADICO-LINGUALES DOUCES.

Les radico-linguales douces ont la même articulation que les précédentes, avec moins de force seulement : *g*, *c* (son accidentel), *x* (id.) ; *gai, second, exemple.*

TOTO-LINGUALES.

Pour les toto-linguales, le mouvement à faire est très-simple : toute la langue monte et se joint au palais ; ne poussez pas l'air en dehors avec force, retenez-le plutôt ; vous en produirez mieux cette articulation molle et mouillée qu'elle doit avoir : *ll, fille; lh, Pardailhan; gn, Sévigné.*

Le son mouillé, dans n'importe quel mot, polysyllabe ou non, doit toujours se faire sur la voyelle *ill* ou *gn*, et non sur la syllabe suivante, laquelle doit, au contraire, conserver le son qui lui est naturel : *mouill-é, souill-é, seign-eür, măgn-ănime,* et non *mouil-lié, souil-lié, seig-nieur, mag-nianime.*

LA GUTTURALE.

La gutturale est une forte aspiration qui se fait en resserrant un peu la gorge : *h, héros.*

Il y a peu de mots dans notre langue où le *h* soit aspiré ; en voici la liste exacte, que j'ajoute ici pour épargner à mes lecteurs, et surtout aux étrangers qui se serviront de cet ouvrage, des incertitudes ou des recherches ennuyeuses :

LISTE DE TOUS LES MOTS OU LE *H* EST ASPIRÉ.

Hă ! interj.
Hābler et ses dérivés, parler beaucoup et avec ostentation.
Hăche, hăcher, hăchette.
Hăchis, hăchoire.
Hăchures (t. de grav. ; t. de blason).
Hăgărd.
Hăhă, ouverture.
Hăhé (t. de chasse).
Hāie, clôture.
Hăïe, cri des charretiers.
Hāillon.
Hāine et ses dérivés.
Hāire, chemisette de crin ou de poil de chèvre.
Hălăge, action de tirer un bateau.
Hălbran, jeune canard sauvage.
Hălbrener, chasser aux halbrans.
Hāle et ses dérivés.
Hālener.
Hăletant, hăleter.
Hăllăge, droit de halle.
Hălle.
Hăllebărde, pique garnie.
Hăllebredă (t. de mépris et populaire).
Hăllier, buisson épais ; celui qui garde une halle.
Hăloir, lieu où l'on sèche le chanvre.
Hălôt, trou dans une garenne.
Hălte.
Hămăc, espèce de lit suspendu.
Hămeau.
Hampe, bois d'une hallebarde.
Han, sorte de caravansérail.
Hanche.
Hangar, remise pour des charrettes.
Hănneton.
Hanscrit, langue savante des Indiens.
Hanse, société de commerce formée entre plusieurs villes du nord de l'Allemagne.
Hanséatique.
Hansière (t. de marine).
Hanter et Hantise (t. fam. et populaire).
Hăppe, espèce de crampon.
Hăppelourde, pierre fausse.
Hăpper (t. populaire).
Hăquenée, cheval ou cavale de taille médiocre.
Hăquēt, espèce de charrette à voiturer des marchandises.
Hărangue et ses dérivés.
Hărās, lieu destiné à loger des étalons.
Hărăsser.
Hărder (t. de chasse).
Hărdes.
Hărdi et ses dérivés.

Hărem, lieu où sont renfermées les femmes et les concubines du sultan, d'un pacha.
Hăreng et ses dérivés.
Hărengère.
Hărgneux.
Hăricōt, plante ; graine ; ragoût.
Hăridelle.
Hărnăcher, hărnăchement.
Hărnois (on prononce *harnēs*).
Hărō (t. de coutume, bas et peu usité).
Hărpailler (t. fam.) n'est d'usage qu'en parlant de deux personnes qui se querellent.
Hărpe.
Hărpēau (t. de marine).
Hărpér (t. fam.). prendre et serrer fortement avec les mains.
Hărpie.
Hărpin, croc de batelier.
Hărpon, espèce de dard.
Hărpŏnner.
Hărt, espèce de lien.
Hăsărd et ses dérivés.
Hăse, femelle du lièvre et du lapin de garenne.
Hăte et ses dérivés.
Hăuban (t. de maçon).
Hăubans (t. de marine).
Hăubert, sorte de cuirasse.
Hăusse et ses dérivés.
Hăusse-cŏl.
Hăut et ses dérivés.
Hăutbois.
Hāut-bord, nom que l'on donne aux grands vaisseaux.
Hāut-de-chāusses.
Hāute-contre (t. de musique).
Hāute-cour, tribunal suprême.
Hāute-futăie,
Hāute-lice, fabrique de tapisserie.
Hāute-pāye.
Hāut-măl, mal caduc.
Hāutèsse.
Hăve, pâle et défiguré.
Hăvir, v. act. dessécher.
Hăvre, port de mer.
Hăvre-săc.
Hé ! sorte d'interjection.
Heāume, casque.
Hēler (t. de marine).
Hem ! interjection.
Hennir (on prononce *hănir*).
Hennissement (on prononce *hănissement*).
Henri.
Henriade.
Hérāut, officier d'un prince ou d'un État souverain.
Hère (t. de mépris).
Hérisser.
Hérisson.
Hernie, descente de boyaux.
Herniaire, chirurgien.
Héron.
Héros.
Herse et ses dérivés.
Hètre, grand arbre.

Heŭrt, choc; coup.
Heŭrtoir et ses dérivés.
Hibou.
Hic, principale difficulté d'une affaire.
Hideŭx, hideŭsement.
Hiérărchie.
Hie, sorte d'instrument dont on se sert pour renfoncer les pavés.
Hisser (verbe act.).
Hŏbereău, oiseau de proie.
Hŏc, jeu de cartes.
Hŏche, entaillure.
Hŏchement et ses dérivés.
Hŏchepōt, espèce de ragoût de bœuf.
Hŏcher, secouer; branler.
Hŏchēt.
Hŏlă.
Hŏmărd, grosse écrevisse de mer.
Hongre, cheval châtré.
Hŏnnir, bafouer.
Honte et ses dérivés.
Hŏquet.
Hŏqueton, archer.
Hŏrde, peuplade errante.
Hŏrion (vieux mot), coup rude déchargé sur la tête ou sur les épaules.
Hŏrs.
Hŏtte.
Hŏttée.
Hŏttentōt, habitant de l'Afrique.
Houblon et ses dérivés.
Houe, instrument pour remuer la terre.
Houille.
Houle, vague après la tempête.
Houleux (t. de marine).
Houlette.
Houppe.
Houppelande.
Hourdăge, maçonnage grossier.
Hourder (verbe).
Houri.
Hourvări (t. de chasse).
Houssărd, hussard.
Houspiller.
Houssăie, lieu où croît quantité de houx.
Housse et ses dérivés.
Houssine.
Houssoir.
Houx, arbre.
Hoyau, sorte de houe.
Huche, grand coffre.
Huée et ses dérivés.
Huguenōt, calviniste.
Huit et ses dérivés.
Humér.
Hune, hunier.
Huppe, huppé.
Hure.
Hurhăut (t. de charretier).
Hurlement, hurler.
Hutte, se hutter.

RÉSUMÉ

DES

DIFFÉRENTS MOUVEMENTS ARTICULAIRES DES CONSONNES.

Mouvement	Lettres	Classe	
Les lèvres s'allongent en dehors.	**j.** **g.** **ch.**	LABIALES.	
Les lèvres reviennent frapper l'une sur l'autre,	**m.** **b.** **p.**	LABIALES.	
Les dents supérieures coupent par le milieu la lèvre inférieure, qui s'est rapprochée.	**v.** **f.** **ph**, son accid.	DENTI-LABIALES.	
Les lèvres se rapprochent encore plus, se collent sur les dents, lesquelles se serrent les unes près des autres, pour ne laisser à l'air qu'un imperceptible passage.	**c.** **s.** **t**, son accident. **x**, — **z**, —	*Sifflantes aiguës.* .	DENTALES.
Moins de force dans le même mouvement.	**z**, **s**, son accident. **x**, —	*Sifflantes douces.* . .	DENTALES.
Les lèvres restent en place, la langue seule agit à son extrémité.	**n.** **l.** **d.** **t.** **r.**	SOMMO-LINGUALES.	
C'est la racine de la langue qui, maintenant, forme cette articulation, de concours avec le palais.	**k.** **c.** **q.** **g**, son accid. **ch**, — **x**, —	RADICO-LINGUALES DURES.	
De même pour celle-ci, en employant moins de force.	**g.** **c**, son accid. **x**, —	RADICO-LINGUALES DOUCES.	
Toute la langue est occupée dans le mouvement qui se fait vers le milieu de la bouche pour former cette articulation.	**ll.** **lh.** **gn.**	TOTO-LINGUALES.	
La gorge seule.	**h.**	GUTTURALE.	

Par ce tableau, vous avez vu, d'un seul coup-d'œil, le travail mécanique de la mâchoire dans toutes ces articulations.

D'abord, les lèvres, qui s'allongent extérieurement pour les premières *labiales*, reviennent pour les autres, et, pour les *denti-labiales*, se rapprochent plus, se rentrent pour les *sifflantes*, puis restent inoccupées dans la formation des *linguales*. — Les mouvements d'articulation ne sont plus en dehors de la bouche, mais tous intérieurs : —

Près des dents pour les *linguales* ;

Au milieu de la bouche pour les *radico-linguales ;*

Occupant tout le palais pour les *toto-linguales ;*

Enfin, tout à fait à l'extrémité, près de la gorge, quant à la *gutturale*.

Maintenant que vous connaissez parfaitement toutes les différentes articulations de notre langue, que vous les avez étudiées, nous allons nous occuper des vices de la prononciation.

Presque tous viennent de l'enfance, de la négligence que l'on met à nous prévenir sur des lettres que nous prononçons mal. Toujours, au contraire, les parents sont ravis, enchantés d'entendre dire par leurs enfants : *zou-zou*, pour joujou ; *ze veux za,* pour je veux ça. Dans ce petit mot *zou-zou,* dit par une jolie petite bouche, toute rose, toute gracieuse, les mères trouvent une harmonie du ciel ! Ce n'est plus un enfant ordinaire, oh ! non ! c'est un vrai chérubin, c'est un ange qui parle ! *zou-zou*, c'est divin ! Mais, à trois ou quatre ans, ces adorables *ze, ze* se changent en blaisement, en zézaiement. L'oreille des parents, faite à ce tendre et doux parler, ne s'en choque jamais; l'âge arrive; dans les maisons d'éducation, personne ne nous en parle. Enfin, on entend un beau jeune homme, un grand gaillard de vingt-cinq ans, dire, en pleine assemblée (la langue tombée mollement entre les dents): « *Mézieurs, ze me prézente izi, z'ai de l'énerzie, de la conszienze; vos zuffrages...* »

Il ne faut pas aller plus loin pour obtenir un succès de fou rire! C'est ce qui arrive souvent, c'est ce que nous avons tous vu. Combien de belles et grandes intelligences ont été ainsi perdues, faute d'un travail préparatoire sur l'articulation. Quel est l'homme de cœur qui pourrait résister à une moquerie de tous les instants? Il n'y en a pas. La timidité le prend, son génie s'éteint; il se retire confus, froissé, humilié; et, pour un misérable défaut de prononciation, un avenir brillant sera peut-être à jamais perdu!

SIXIÈME LEÇON.

MOLLESSE D'ARTICULATION.

Ce défaut, qui n'en est pas un, tant il est peu difficile à corriger, disparaît presque toujours si vous faites avec soin le travail que nous avons indiqué en vous parlant des voyelles et des consonnes. Mais, ce que je vous recommande avant tout, ce que je vous prie de prendre en très sérieuse recommandation, car tout est là, c'est, en appelant les voyelles ou les consonnes, d'en doubler toujours la force articulaire. *Qui peut le plus, peut le moins*. Cet axiome très-connu est, ici, on ne peut mieux appliqué. Faisant des efforts pour dépasser le but, vous l'atteignez plus vite, plus facilement, et vous vous trouvez corrigé sans peine et sans ennui. Ne l'oubliez jamais : ce travail est obligatoire pour tous, et, plus particulièrement encore, pour les chanteurs.

Pour se corriger de la *mollesse d'articulation*, du *bredouillement*, de *l'empâtement* de la bouche, tous défauts qui ne sont que le même sous différentes désignations, il faut articuler syllabiquement, avec force, en doublant la valeur de chaque mouvement, comme je viens de vous le dire. Observez-vous bien ; écoutez-vous avec attention ; donnez toujours une force égale à tous les mouvements ; pas plus à la première consonne qu'à la dernière, surtout dans les finales féminines, qu'on est toujours disposé à ne pas articuler, à laisser tomber.

Il sera très bon aussi, pour activer ce travail, d'apprendre une vingtaine de vers, de les répéter syllabiquement, à haute voix, en ayant dans la bouche quatre boules de caoutchouc de moyenne grosseur, *deux de chaque côté, entre les joues et les dents;* il faut qu'elles soient assez en arrière, du côté des oreilles, pour ne point empêcher le mouvement des lèvres dans leurs articulations labiales. Ne confondez pas, je vous prie ; remarquez bien que je vous conseille de mettre ces boules *entre la joue et les dents, sur le côté,* et non dans la bouche, ni dessus, ni dessous la langue. Quelques personnes l'ont fait ainsi, croyant mieux se corriger ; c'est une erreur, une très grande et très nuisible erreur. *Il ne faut jamais rien mettre dans la bouche pour aucun défaut de prononciation;* gêner la bouche par des obstacles quels qu'ils soient, liége, bois, caoutchouc, cailloux, c'est, incontestablement, aggraver le mal au lieu de le guérir; mettre les boules comme je vous le conseille, les placer entre les joues et les dents, sur les bas côtés de la bouche, c'est tout une autre chose ; cela rend difficiles les mouvements, mais ne les empêche pas ; c'est un obstacle, voilà tout ; et cet obstacle vous oblige, malgré vous, à employer plus de force qu'il n'en faudrait pour articuler chaque consonne ou voyelle ; les lèvres s'habituent à ces efforts réitérés, la mollesse disparaît; et, après quelques jours de ce travail, sitôt que vous quittez les boules, vous vous apercevez immédiatement d'une extrême facilité d'articulation.

Cet exercice, répété environ un mois, plusieurs fois dans la journée, doit corriger les défauts dont nous parlons.

MODÈLE DE L'EXERCICE SYLLABIQUE.

Approchez, mes amis, et prêtez bien l'oreille
A la confession horrible et sans pareille
De tout ce que je fis le treize de juillet :
Nous jouions, ce dit soir, ensemble à Rambouillet ;
C'était mon premier pas dans la noble carrière
Où j'espérais laisser mes rivaux en arrière...
Et, comme je comptais sur un succès complet,
J'avais pris pour début le beau rôle d'Hamlet ;
Mon cœur, tendre et naïf, aimait le lamentable.
J'entre en scène en criant : « *Fuis, spectre épouvantable !* »
Très bien. On rit un peu, parce que le fauteuil
D'un choc inattendu vint me frapper dans l'œil...
Mais c'était peu de chose, et la fin de l'histoire,
Criée avec chaleur, enleva l'auditoire...
Madame (ma mère) entre... On rerit... J'enrageais !
Et, dans mes *a parte*, bien peu la ménageais !
Enfin, malgré le bruit, j'arrive au cinquième acte.
L'eau tombait de mes yeux comme une cataracte ;
J'en inondais mon urne : un vieux vase de fleurs,
Couvert d'un voile noir, pour stimuler mes pleurs.
Le toutou de madame y dormait !... « *Urne sainte !*
Que j'invoque en pleurant, que j'embrasse avec crainte ! »

EXERCICE SYLLABIQUE

POUR LA MOLLESSE DE L'ARTICULATION.

A-prŏchéz, mēs ă-mis, ét pré-téz vŏ-tr' ŏ-reil-le
A lă con-fès-sion hŏr-ri-bl' ét sans pă-reil-le
Dĕ tout cĕ quĕ je fis lĕ trēi-ze dĕ juill-ēt :
Nous jou-ions, cĕ dit soir, en-sembl' à Ram-bouill-ēt ;
C'é-tēt mon prĕ-miér pās dans lă nŏ-ble căr-riē-re
Où j'ès-pé-rāis lais-sér mēs ri-vāux en ăr-riē-re...
Et, cŏm-me jĕ comp-tāis sur un suc-cēs complēt,
J'ă-vāis pris pour dé-but lĕ beāu rôle d'Hăm-lēt ;
Mon cœūr, ten-dr' ét năïf, ai-māit lĕ lă-men-tă-ble.
J'en-tr' en scē-ne en criant : «*Fuis, spēc-tr' é-pou-van-tă-ble!* »
Trē-bien. On rit un peu, părcĕ quĕ le faū-teūil
D'un chŏc inăttendu vint me frăp-pér dāns l'œil...
Mais c'é-tāit peū de chō-se, et lă fin de l'his-tŏi-re,
Cri-ée ă-vèc chă-leūr, enlevă l'aū-di-tŏi-re...
Mă-dă-me (ma mè-re) en-tre... on rĕ-rit... J'en-ră-geāis !
Et, dans mēs *ă păr-té,* bien peū lă mé-nă-geāis !
Enfin, măl-gré le bruit, j'ăr-ri-v' aū cin-quiè-m' ăcte.
L'eāu tom-bāit dĕ mēs yeux cŏm-m' une că-tă-răcte ;
J'en n'i-non-dāis mon ur-ne : un vieūx vā-se dĕ fleūrs,
Cou-vèrt d'un vŏi-le nŏir, pour sti-mu-lér mēs pleūrs
Lĕ tou-tou dĕ mă-dă-m' y dormāit !... « *Ur-nĕ sainte !*
« *Quĕ j'in-vŏ-qu' en pleūrant, quĕ j'em-brăs-s' a-vèc crainte !* »

Et l'urne me répond par un kouac affreux !
Et tous les spectateurs se regardent entre eux.
Je continuais, moi, toujours sans rien entendre :
« *Mais de mon père, ô ciel ! je sens frémir la cendre !* »
Un deuxième kouac, mais, cette fois, si fort,
Qu'un sourd l'eût entendu, de Paris, sans effort.
A ce cri paternel, de nouvelle fabrique,
Le public éclata d'un fou rire... homérique !...
Et les kouacs, les bis, les bravos, les sifflets
Abattirent ma voix !... De rage je hurlais !...
Et, prenant le poignard réservé pour ma mère,
D'un coup, j'assassinai les cendres de mon père !

Et l'ur-ne mĕ ré-pond păr un kou-ăc affreūx !
Et tous lēs spèc-tă-teŭrs sĕ rĕ-găr-dent en-tr' eūx.
Jĕ con-ti-nuāis, mŏi, tou-jours sans rien en-ten-dre :
« *Māis dĕ mon pèr', ô ciel ! jĕ sens fré-mir lă cen-dre !* »
Un deū-xiè-me kou-ăc, māis, cètt' fŏis, si fŏrt,
Qu'un sourd l'eût en-ten-du, dĕ Pă-ris, sans éf-fŏrt.
A cĕ cri pă-tèr-nèl, dĕ nouvēll' făbrique,
Lĕ pu-blic é-clă-tă d'un fou rire... hŏ-mé-ri-que !
Et lēs kou-ăcs, lēs bis, lēs bră-vōs, lēs sifflēts
A-băt-ti-rent mă vŏix !... Dĕ ră-ge jĕ hur-lāis !....
Et, prĕ-nant lĕ pŏi-gnărd ré-ser-vé pour mă mère,
D'un coup, j'ăs-săs-si-nái lēs cen-drĕs dĕ mon pè-re !

SEPTIÈME LEÇON.

BLAISEMENT. — ZÉZAIEMENT.

Le blaisement ou le zézaiement provient d'une faiblesse d'articulation dans les sifflantes *c*, *s*, et dans les labiales *j*, *ch*. La langue, trop molle, tombe entre les dents et fait prononcer les *s*, *c*, *j*, *ch*, comme des *ze ze* mouillés.

Commencez par doubler l'articulation de toutes les sommo-linguales, *n*, *l*, *d*, *t*, *r*. Travaillez-les plusieurs jours ainsi, en y employant toutes vos forces.

PREMIER EXERCICE.

ne, ne, ne, ne, ne, ne, ne.
le, le, le, le, le, le, le.
de, de, de, de, de, de, de.
te, te, te, te, te, te, te.
re, re, re, re, re, re, re.

Si vous ne pouvez prononcer le *r* sans grasseyer, ne travaillez que sur les quatre précédents mouvements.

Lorsque, par ce premier travail, vous êtes arrivé à faire distinctement entendre chacune des sommo-linguales, il faut passer à l'articulation des dernières labiales, *m*, *b*, *p*, toujours en les doublant, en les triplant si vous pouvez.

DEUXIÈME EXERCICE.

me, me, me, me, me, me.
be, be, be, be, be, be.
pe, pe, pe, pe, pe, pe.

En faisant le travail de *m*, *b*, *p*, vous n'en négligerez pas, pour cela, celui des sommo-linguales ; vous les articulerez ensemble ; ainsi :

TROISIÈME EXERCICE.

ne, ne, ne, ne, ne, ne.
le, le, le, le, le, le.
de, de, de, de, de, de.
te, te, te, te, te, te.
re, re, re, re, re, re.
me, me, me, me, me, me.
be, be, be, be, be, be.
pe, pe, pe, pe, pe, pe.

Quelques jours après, les lèvres ayant acquis plus de force, les *m*, *b*, *p*, éclatant bien, vous y ajoutez les *denti-labiales*, *v*, *f*, que vous travaillez toujours conjointement avec les autres précédentes consonnes.

QUATRIÈME EXERCICE.

ne, le, de, te, re.
me, be, pe, ve, fe.
ne, le, de, te, re.
me, be, pe, ve, fe.
ne, le, de, te, re.
me, be, pe, ve, fe.
ne, le, de, te, re.
me, be, pe, ve, fe.

Enfin, ainsi préparé par un travail consciencieux, qui doit avoir duré une quinzaine de jours, vous attaquez le défaut; vous commencez à essayer les sifflantes. Serrez les dents, en appuyant les lèvres dessus avec le plus de force possible, cherchez bien à ne laisser aucun passage à l'air. Puis, poussez le *s* avec une très-grande vigueur, prolongez ce sifflement le plus que vous pourrez.

CINQUIÈME EXERCICE.

ce, ce, ce, ce, ce, ce.
se, se, se, se, se, se.

Ne vous inquiétez plus de la langue; elle a pris de la force en travaillant les sommo-linguales; elle ne tombera plus entre les dents. Portez toute votre attention à ce que vos lèvres soient plaquées contre les dents, et à ce que celles-ci soient hermétiquement fermées.

Exercez-vous à ce travail devant une glace. Mettez tous vos soins à ce que le sifflement que vous devez produire, par la pression de l'air, soit très fin, très délié; ne craignez jamais de le pousser ni de le prolonger trop.

SIXIÈME EXERCICE.

ce, ce, se, se, se, ze, ze.
ce, ce, se, se, se, ze, ze.

Vous essayerez ensuite de faire ces sifflements sur des mots en *ce* ou *ces*, comme ceux-ci, par exemple :

SEPTIÈME EXERCICE.

Cinq ou six officiers gascons,
Passant un soir à Soissons,
Marchandèrent des saucissons,
Et demandèrent aux garçons :
Combien ces cinq saucissons?
A vingt sous, c'est cent sous,
C'est cent sous ces cinq saucissons.

Répétez ces vers à satiété, et toujours en y mettant la plus grande force et le plus de finesse de son possible; cherchez à imiter le déchirement de la soie.

Vous n'avez plus, après avoir obtenu les sifflements aigu, doux et fort, qu'à prononcer les premières labiales : *je*, *ch* ; lesquelles s'acquièrent en serrant les dents et en allongeant les lèvres bien en dehors, comme je vous l'ai déjà dit plus haut.

HUITIÈME EXERCICE.

je, je, je, je, je, je.
che, che, che, che, che, che.

Répétez quelques vers à haute voix, syllabiquement, doublant les consonnes et triplant les sifflantes; refaites, pour complément, ce même exercice avec les boules de caoutchouc, et vous êtes corrigé.

C'est une occupation d'à peu près six semaines ou deux mois.

MODÈLE DE L'EXERCICE SYLLABIQUE

POUR LA CORRECTION DU BLAISEMENT.

Oh ! je sais bien mon nom. Jeanneton ! oui, c'est elle
Qui vous parle, qui vous blâme, mademoiselle,
Et qui ne vous craint pas. La vieille Jeanneton,
Malgré ses soixante ans, a toute sa raison...
Et puisque, pour parler, votre mère recule,
Je prends ici sa place, et dis, sans préambule,
Qu'avec tous vos talents, votre esprit sans égal,
Vous irez, avant peu, mourir à l'hôpital !...
Que votre mère est folle, et vous beaucoup plus qu'elle ;
Et qu'enfin toutes deux vous perdez la cervelle,
Si vous vous figurez vivre encore longtemps
Sans demander secours à ces mêmes parents
Qu'aujourd'hui vous fuyez, dont vous êtes honteuses,
Et que demain, sans plus, vous serez bien heureuses
De pouvoir attendrir, de leur baiser les mains,
S'ils veulent, à leur tour, les tendre à vos besoins.

DERNIER EXERCICE.

Oh ! je sȧis bien mon nom. Jeănn'ton ! oui, c'ēst-èlle
Qui vous părle, qui vous blâme, măd'moisèlle,
Et qui n' vous craint pas. Lă vieille Jeănn'ton,
Mălgré sēs sŏixante ans, ă toute să raison...
Et puissque, pour părlér, vŏtre mère recule,
Je prends ici să plăce, ét dis, sans préanbule,
Qu'ăvèc tous vōs tălents, vŏtr' èsprit sans égal,
Vous iréz, avant peū, mourir a l'hŏpital !...
Que vŏtre mèr' ēst fŏlle, ét vous, beaucoup pluss qu'èlle ;
Ét qu'enfin toutes deūx vous pèrdéz la cèrvèlle,
Si vous vous figuréz vivr' encŏre longtemps
Sans demandér secours a cēs mēmes parents
Qu'aujourd'hui vous fuyéz, dont vous êtes honteūses,
Et que demain, sans pluss, vous s'réz bien n'heūreūses
De pouvŏir attendrir, de leur bȧisér lēs mains,
S'ils veŭl'nt, a leŭr tour, lēs tendr' à vōs besŏins.

HUITIÈME LEÇON.

GRASSEYEMENT.

L'extrémité de la langue, trop molle, trop paresseuse, n'a pas la force de se lever et d'aller joindre le palais pour intercepter l'air au passage et produire le frôlement, la vibration nécessaire à l'articulation du *r*; la racine seule de la langue recule, rétrécit la gorge; l'air, en sortant de la poitrine, ne rencontre que la luette comme obstacle, l'agite, et lui fait produire ce son rauque, gras, désagréable, désigné d'une manière tout expressive par le nom de *grasseyement*. Ce défaut, le plus répandu de tous, est tellement passé dans nos habitudes vocales, l'oreille est tellement habituée à cette prononciation gutturale, qu'elle a peine, chez beaucoup de personnes, à saisir la différence qui existe, d'une manière frappante, entre le grasseyement et la vibration. On demande ce que c'est que de grasseyer. La vibration paraît dure, ridicule, à bien du monde, même à des gens pour qui la pureté de la parole devrait être une obligation : à des avocats, des orateurs, acteurs, chanteurs, etc. Habitués à cette espèce de croassement, ils le trouvent plus facile, plus simple, plus naturel, et vous répondent que, tout le monde parlant ainsi, il serait inutile de vouloir faire autrement. Que voulez-vous riposter à de tels arguments? Il faut se taire et laisser grasseyer. Mais à toutes les personnes qui ont le désir d'embellir leur pensée du charme de la parole, à celles qui veulent obtenir de véritables succès oratoires, à tous les professeurs, à tous les artistes, à tous les chanteurs, à tous les comédiens, nous dirons : que la noble langue des Bossuet, des Mirabeau, des Racine, des Corneille, des Molière, n'admettra jamais une telle prononciation. Et nous leur affirmerons qu'il est impossible de parvenir à prendre rang parmi les grands maîtres de l'art oratoire, si l'on n'a pas d'abord acquis cette mâle vigueur de l'accentuation, cette pureté de la prononciation, cette harmonie complète de la parole, qui plaît tant à l'auditeur et le dispose, dès les premiers mots, à vous rendre, par son admiration, tout le plaisir que vous lui procurez.

Nous allons vous expliquer, en détail, le mode d'exercice qu'il convient d'adopter pour arriver à la parfaite articulation de la consonne *r*. Comme je vous l'ai dit, page 56, en vous parlant des sommo-linguales, pour prononcer cette consonne, toute la largeur de l'extrémité de la langue va se joindre au palais, près des dents supérieures, et intercepte l'air qui s'échappe de la poitrine; l'air comprimé, cherchant une issue, pousse la langue avec vigueur, s'échappe ; mais la langue, revenant toujours à sa place et résistant toujours, occasionne un nombre de petits frappements, de petits frôlements qui forment la vibration ; et la vibration est la seule et bonne articulation qu'on doive employer pour bien prononcer la dernière *sommo-linguale r*.

Vous voyez, par cette explication, que c'est à la langue que revient presque toute la peine ; c'est donc à la langue qu'il convient de donner une grande force et une grande élasticité ; ce qui s'obtient infailliblement en agissant ainsi :

D'abord, pour premier exercice, prononcez avec force toutes les sommo-linguales : *n*, *l*, *d*, *t*, et aussi les denti-labiales, *v*, *f*, très-nécessaires, comme point d'appui, pour enlever la langue, ainsi que je vous le démontrerai plus bas.

PREMIER EXERCICE.

ne, ne, ne, ne, ne, ne.
le, le, le, le, le, le.
de, de, de, de, de, de.
te, te, te, te, te, te.
ve, ve, ve, ve, ve, ve.
fe, fe, fe, fe, fe, fe.
ne, le, de, te, ve, fe.
ne, le, de, te, ve, fe.
ne, le, de, te, ve, fe.
ne, le, de, te, ve, fe.
ne, le, de, te, ve, fe.
ne, le, de, te, ve, fe.
ne, le, de, te, ve, fe.
ne, le, de, te, ve, fe.

De même, comme je vous l'ai recommandé en vous parlant de la *mollesse d'articulation*, c'est toujours en doublant et même en triplant la force exigible pour chaque mouvement que l'on réussit le mieux et le plus vite.

Après cet exercice, renouvelé plusieurs fois par jour, vous attaquez les deux mouvements sommo-linguales les plus rapprochés du *r*.

DEUXIÈME EXERCICE.

te de, te de, te de, te de.
te de, te de, te de, te de.
te de de, te de de, te de de,
te de de, te de de, te de de.
te de de de, te de de de, te de de de.
te de de de, te de de de, te de de de.

Si ces exercices sont poussés avec persévérance, si vous les répétez souvent dans la journée, vous vous apercevrez bientôt de plus de fermeté dans le bout de la langue ; vous sentirez que son extrémité perd de son épaisseur, qu'elle devient plus roide , que le frappement au palais acquiert de la sonorité, de la malléabilité. Le son n'en sera plus mat et cotonneux comme dans les premiers essais. Alors, pour continuer le progrès, vous apprendrez une vingtaine de vers, en les traduisant comme ceux-ci, mettant partout des *d* où il y aura des *r*.

MODÈLE DE L'EXERCICE.

Comme tu dis, Marton ; crois-tu qu'un étranger
Viendrait tranquillement à mes yeux échanger
Quelques vieux sacs d'écus pour le toit de mes pères !
On ne marchera pas en maître sur nos terres
Tant qu'un Lacoin vivra ; je te le jure bien !
A qui tient à l'honneur la fortune n'est rien.
Nous autres paysans, sur qui le fardeau tombe,
Nous travaillons beaucoup pour n'avoir qu'une tombe,
Mais, enfin, sur ce lit, où le sommeil est doux,
Nous voulons voir au moins nos enfants à genoux,
Nous adressant, de cœur, une ardente prière,
Et sentir une larme humecter notre pierre !...
De ce bonheur réel, qui vaut mieux qu'un peu d'or,
Ma sœur, grâce à mes soins, peut en jouir encor :
Qu'elle ait pour son enfant un amour raisonnable,
Pendant que sa conduite est encor pardonnable ;
Qu'elle sente ses torts et vienne dans mes bras...
Et je lui rends ses biens sans aucun embarras.

TROISIÈME EXERCICE.

Cŏmm' du dis, Mădĕton; quĕdŏis-tu qu'un étĕdangér
Viendĕdait tĕdanquillement ă mēs yeux échangér
Quèlquĕs vieūx săcs d'écus poudĕ lĕ tŏit dĕ mēs pèdes!
On nĕ mădĕchĕdă pās en maîtĕdĕ sudĕ nōs tèdĕdĕs
Tant qu'un Lăcŏin vivĕdă; jĕ tĕ l' judĕ bien!
Ă qui tient ă l'hŏnnĕudĕ lă fŏdĕtune n'ēst dien.
Nous āutĕdĕs páysans sudĕ qui lĕ faddeau tombĕ,
Nous tĕdăvăillons bēaucoup poudĕ n'avŏide qu'une tombĕ;
Māis enfin sudĕ cĕ lit, où lĕ sŏmmèil ēst doux,
Nous voulons vŏide āu mōins nōs enfans à g'noux,
Nous adĕdèssant, dĕ cœude, une ădĕdentĕ pĕdièdĕ,
Et sentidĕ une lădĕmĕ humècté nŏtĕdĕ pièddĕ!
Dĕ ce bŏnheudĕ déèl, qui vaūt mieūx qu'un peu d'ŏdĕ,
Mă sœudĕ, guedāce ă mēs sŏins, peut en jouide encŏdĕ:
Qu'èlle áit poudĕ son enfant un n'ămoudĕ dáisŏnăblĕ,
Pendant quĕ să conduite ēst encŏde pădedŏnăblĕ;
Qu'èlle sente sēs tŏdĕs ét viènne dans mēs bĕdăs,
Et je lui dends sēs biens sans aūcun embăddăs.

Vous arrivez au mouvement combiné; maintenant, le *f* et le *d*. Le *d* est la consonne la plus proche de la vibration, celle qui fait arriver plus vite au résultat que nous désirons, surtout lorsqu'elle est d'accord avec le *f*, espèce de point d'appui qui lui sert à lancer la langue, et à la soutenir dans ses premiers essais de vibration. Vous pouvez vous en convaincre en articulant selon cette combinaison; dites *fedan, fe dan, fe dan,* pour *franc*. Allez vite, appuyez beaucoup en pressant le mouvement *f*, et vous entendrez, ainsi que tous ceux qui vous écouteront, le mot *franc* bien distinctement.

QUATRIÈME EXERCICE.

fe dan, fe dan, fe dan, fe dan.
fe dan, fe dan, fe dan, fe dan.
fe dan, fe dan, fe dan, fe dan.
fe dan, fe dan, fe dan, fe dan.
fe dan, fe dan, fe dan, fe dan.
fe dan, fe dan, fe dan, fe dan.
fe dan, fe dan, fe dan, fe dan.

La langue n'étant pas encore assez élastique pour revenir assez tôt continuer le mouvement, vous remarquerez bien qu'il n'y a qu'un seul frôlement dans l'essai combiné que vous faites, et il en faut bien davantage pour compléter la vibration. Vous obtiendrez la pluralité en continuant cet excellent travail pendant plusieurs jours

CINQUIÈME EXERCICE.

ve dė, ve dė, ve dė, ve dė, ve dė.
ve da, ve da, ve da, ve da, ve da.
ve do, ve do, ve do, ve do, ve do.
ve du, ve du, ve du, ve du, ve du.
ve dan, ve dan, ve dan, ve dan, ve dan.
fe dė, fe dė, fe dė, fe dė, fe dė.
fe da, fe da, fe da, fe da, fe da.
fe do, fe do, fe do, fe do, fe do.
fe du, fe du, fe du, fe du, fe du.
fe dan, fe dan, fe dan, fe dan, fe dan.
be dė, be dė, be dė, be dė, be dė.
be da, be da, be da, be da, be da.
be do, be do, be do, be do, be do.
be du, be du, be du, be du, be du.
be dan, be dan, be dan, be dan, be dan.
pe dė, pe dė, pe dė, pe dė, pe dė.
pe da, pe da, pe da, pe da, pe da.
pe do, pe do, pe do, pe do, pe do.
pe du, pe du, pe du, pe du, pe du.
pe dan, pe dan, pe dan, pe dan, pe dan.

Dans cet exercice, ne confondez pas; n'allez pas mettre un *t* pour un *d;* faites-y bien attention, tout serait à refaire. Avec le *t*, il est impossible d'arriver au mouvement facile que je vous indique; cette lettre est trop rude et ne se prête à aucune des combinaisons syllabiques qui doivent amener la vibration. Elle n'était bonne et nécessaire que pour donner de la force à la langue dans le premier exercice ; passé cela, ne vous en servez plus.

Encore une recommandation : *N'essayez jamais de faire une vibration sans le concours d'une précédente consonne ;* comme dans *fedan, pedo, bedas.* Sans cela, en voulant vibrer sur des *re, ro, ra,* seuls, vous risqueriez de n'obtenir qu'une vibration pénible, défectueuse, presque aussi désagréable que le grasseyement. C'est un très mauvais moyen, et dont il faut bien se garder. *La vibration doit venir sans qu'on la cherche.*

En suivant les conseils que je vous donne, en répétant, selon ma méthode, les 3e, 4e et 5e exercices, très-consciencieusement, à un moment donné, quand le travail atteindra son point de maturité, vous serez étonné d'entendre rouler avec force une première vibration ; vous essayerez de la reproduire? Elle ne viendra plus. N'insistez pas. Continuez vos *fedan, fedan,* etc., répétez vos vers, elle reviendra plus facilement ; et, après deux ou trois tâtonnements de sa part, la vibration alors arrivera franchement, bonne, rude, prolongée. Elle vous sera acquise pour toujours.

Et c'est à présent, non avant, qu'il faut, pour adoucir les vibrations et vous les rendre plus familières, plus naturelles, essayer d'en faire syllabiquement, comme ceci :

SIXIÈME EXERCICE.

ve rré, ve rré, ve rré, ve rré.
ve rra, ve rra, ve rra, ve rra.
ve rro, ve rro, ve rro, ve rro.
ve rru, ve rru, ve rru, ve rru.
ve rri, ve rri, ve rri, ve rri.
ve rran, ve rran, ve rran, ve rran.
fe rré, fe rré, fe rré, fe rré.
fe rra, fe rra, fe rra, fe rra.
fe rro, fe rro, fe rro, fe rro.

Suite du sixième exercice.

fe rru, fe rru, fe rru, fe rru.
fe rri, fe rri, fe rri, fe rri.
fe rran, fe rran, fe rran, fe rran.
be rrė, be rrė, be rrė, be rrė.
be rra, be rra, be rra, be rra.
be rro, be rro, be rro, be rro.
be rru, be rru, be rru, be rru.
be rri, be rri, be rri, be rri.
be rran, be rran, be rran, be rran,
pe rrė, pe rrė, pe rrė, pe rrė.
pe rra, pe rra, pe rra, pe rra.
pe rro, pe rro, pe rro, pe rro.
pe rru, pe rru, pe rru, pe rru,
pe rri, pe rri, pe rri, pe rri.
pe rran, pe rran, pe rran, pe rran.

La vibration une fois acquise sur ces mouvements, passez à ceux-ci, beaucoup plus difficiles :

de rrė, de rrė, de rrė, de rrė.
de rra, de rra, de rra, de rra.
de rro, de rro, de rro, de rro.
de rru, de rru, de rru, de rru.
de rri, de rri, de rri, de rri.
de rran, de rran, de rran, de rran.

---

te rrė, te rrė, te rrė, te rrė, te rrė.
te rra, te rra, te rra, te rra, te rra.
te rro, te rro, te rro, te rro, te rro.
te rru, te rru, te rru, te rru, te rru.

te rri, te rri, te rri, te rri, te, rri.
te rran, te rran, te rran, te rran, te, rran.
gue rrė, gue rrė, gue rrė, gue rrė, gue rrė.
gue rra, gue rra, gue rra, gue rra, gue rra.
gue rro, gue rro, gue rro, gue rro, gue rro,
gue rru, gue rru, gue rru, gue rru, gue rru.
gue rri, gue rri, gue rri, gue rri, gue rri.
gue rran, gue rran, gue rran; gue rran, gue rran.
que rrė, que rrė, que rrė, que rrė, que rrė.
que rra, que rra, que rra, que rra, que rra.
que rro, que rro, que rro, que rro, que rro.
que rru, que rru, que rru, que rru, que rru.
que rri, que rri, que rri, que rri, que rri.
que rran, que rran, que rran, que rran, que rran.

La vibration allant facilement dans toutes ces combinaisons, il ne manque plus que la pratique usuelle pour vous perfectionner. Vous pourrez la hâter beaucoup en apprenant une trentaine de vers, arrangés comme dans l'exercice suivant, que vous répéterez à haute voix, syllabiquement, *et toujours appuyant avec une égale force sur toutes les consonnes indistinctement, sur le b, le v, le c, autant que sur le r*. Vous prolongerez la vibration le plus que vous pourrez en respirant souvent. Vous ajouterez, comme point d'appui, *un e muet* à tous les mots en *r* final qui en manqueraient : cœur, cœur*e*; voir, voir*e*; et aussi dans le milieu des mots qui ne vous offriraient pas assez de facilité pour vibrer longuement : porte, por*e*te ; chrétien, que*ré*-tien ; crédit, que-*ré*-dit, etc., posez bien toute votre force sur ces *re*-là.

La respiration, bien distribuée, est encore d'un puissant secours pour le perfectionnement de ce travail ; elle ajoute beaucoup à la force d'articulation ; plus vous voudrez appuyer, prolonger vos mouvements articulaires, plus vous devrez respirer. Ne craignez donc pas de vous arrêter à chaque mot ; au contraire, respirez largement après deux ou trois syllabes au plus ; arrètez-vous, aspirez à votre aise, et recommencez, toujours de même, de trois en trois syllabes, jusqu'à la fin du morceau que vous repétez. — En très peu de temps vous serez corrigé.

MODÈLE DE L'EXERCICE

POUR LA VIBRATION.

Et le public rira, j'en suis certain d'avance;
De mes anciens succès il n'a plus souvenance.
Un seul mot, une erreur, m'a sevré de bravos,
Et m'a ravi le fruit de dix ans de travaux!
Et, cependant, ce qui redouble ma misère,
Et me ronge le cœur comme un poignant ulcère!
Ce n'est pas cet écueil qui m'attendait au port;
Non, mais c'est d'avoir cru, lorsque Makiston sort,
Dans cette scène, seul, si fatale en ses suites...
Atteindre de mon art les dernières limites!
Mon âme le disait, j'en étais convaincu,
Et c'est justement là, là, que je fus vaincu!
Voilà ce qui m'abat, ce qui me rend stupide,
Ce qui m'a fait songer vingt fois au suicide
Depuis hier, c'est vrai! mais, en bon comédien,
J'ai toujours refusé d'adopter ce moyen.
Il n'est pas naturel.... et puis, il est peu propre,
Et ne prouve, après tout, qu'un bien triste amour-propre.

DERNIER EXERCICE.

Et le public rira, j'en suis cère-tain d'avance;
De mes anciens succès il n'a plus souvenance.
Un seul mot, une ère-reure, m'a seve-ré de be-ravos,
Et m'a ravi le fe-ruit de te-rois ans de te-ravaux!
Et, cependant, ce qui redouble ma misère,
Et me ronge le cœure, comme un poignant ulcère!
Ce n'est pas cet écueil qui m'attendait au pore;
Non, mais c'est d'avoi-re que-ru, lore-sque Makiston so-re,
Dans cette scène, seul, si fatale en ses suites...
Attein-de-re de mon a-re les dère-nières limites!
Mon âme le disait, j'en étais convaincu!
Et c'est justement là, là, que je fus vaincu!
Voilà ce qui m'abat, ce qui me rend stupide,
Ce qui m'a fait songer vingt fois au suicide
Depuis hi-èrre, c'est ve-rai! mais, en bon comédien,
J'ai toujou-re refusé d'adopter ce moyen,
Il n'est pas natu-rel.... et puis, il est peu pe-ro-pe-re,
Et ne pe-rouve, a-pe-rès tout, qu'un bien te-riste amour-peropere.

L'artiste a plus d'orgueil... Il veut porter sa croix.
Il faut que son tombeau touche à celui des rois!
Mais, comme Westminster n'a de places funèbres
Que pour les rois heureux, les comédiens célèbres,
Je serais un grand sot de m'y faire porter
A présent; attendons, et sachons supporter
La vie et tous les maux que le ciel nous envoie!
Pour atteindre le but, n'en quittons point la voie...
Mais quittons ce logis, cependant; car c'est l'heure,
Ou jamais, de vider sans bruit cette demeure.
Ils se sont sauvés tous! faisons comme eux : filons.
Adieu, Londres. Je pars! mais, avant, regardons,
Pour plus de sûreté, d'ici, de ce coin sombre,
Si quelque œil d'espion ne luirait pas dans l'ombre.

L'are-tiste a plus d'o-re-gueil. Il veut pore-ter sa que-roix.
Il faut que son tombeau touche à celui des rois !
Mais, comme Westmins-tère n'a de places fu-nè-be-res
Que pou-re les rois heu-reux, les comédiens cé-lè-be-res,
Je se-rais un gue-rand sot de m'y fai-re pore-ter
A peré-sent ; attendons, et sachons suppo-reter
La vie et tous les maux que le ciel nous envoie...
Pou-re attein-de-re le but, n'en quittons point la voie...
Mais quittons ce logis, cependant ; ca-re c'est l'heu-re,
Ou jamais, de vider sans be-ruit cette demeu-re.
Ils se sont sauvés tous ! faisons comme eux : filons.
Adieu, Lon-de-res. Je pa-res ! mais, avant, rega-redons,
Pou-re plus de sû-reté, d'ici, de ce coin som-be-re,
Si quelqu'œil d'espion ne lui-rait pas dans l'om-bere.

Comme complément additionnel, en répétant des vers ou en lisant à haute voix, mettez toujours, pendant quelques semaines, des boules de caoutchouc, jusqu'à ce que vous n'éprouviez plus aucune gêne en vibrant, même dans la conversation ordinaire.

NEUVIÈME LEÇON.

BÉGAIEMENT.

Que de savants, de grammairiens, de médecins ont écrit sur ce sujet ! Que de belles et savantes théories on a cherché à mettre en pratique ! Que de grec, que de latin, que de science et de grands mots perdus ! Chacun de ces éminents écrivains a inventé une méthode, une méthode bien à lui... Malheureusement, presque tous ont échoué, ou à peu près, ceux du moins que j'ai suivis depuis vingt-cinq ans. Moi, plus modestement, je me suis contenté d'observer la marche de la nature : elle m'a guidé ; et, avec tous les enfants ou jeunes gens qui m'ont été confiés, j'ai toujours réussi... C'est très simple :

Un bègue prononce très bien, sans hésitation, quand il chante ; c'est connu de tout le monde ; ou ceux qui l'ignorent peuvent s'en convaincre en faisant chanter une personne atteinte de ce vice de prononciation. Eh bien ! me suis-je dit, puisque ce bègue prononce, puisqu'il peut articuler *toutes les consonnes, toutes les voyelles*, ne cherchons donc pas de moyens autres que celui qu'il possède déjà. Aidons-le, guidons-le, et nous réussirons. Pourquoi prononce-t-il parfaitement quand il chante ? Parce qu'il a une mesure, un point d'appui, parce qu'il sait ce qu'il fait. Donnons-lui cette mesure, ce point d'appui ; apprenons-lui en quoi consistent les différentes articulations, les mouvements pour telle ou telle lettre ; qu'il sache enfin ce qu'il faut faire en parlant ; il parlera.

Souvent, dans les enfants très jeunes, nerveux, vifs d'imagination, lorsque les nerfs composant les différentes articulations vocales ne sont pas encore assez forts pour obéir spontanément à la volonté de l'esprit, j'ai remarqué un bredouillement, une espèce d'hésitation à dire le mot. L'enfant, irrité de cette désobéissance, se révolte, veut prononcer quand même ; un petit spasme nerveux arrive alors, qui détruit les articulations commencées et produit ce qu'on appelle le bégaiement. Témoin attentif de ces accidents, je prenais alors cet enfant, je lui faisais dire quelques mots avec une forte accentuation, en cadence; et, à l'instant, il les prononçait parfaitement bien ; et, en suivant ce mode d'enseignement, toujours, et très vite, j'obtenais une pleine guérison.

Après quelques années d'application et de différents essais, j'ai acquis la certitude, la conviction, que si l'on s'occupait de la prononciation d'un enfant, dès l'âge de quatre à cinq ans, il n'y aurait jamais un seul bègue.

Si des parents attentifs, prévenants, veulent préserver leurs enfants de ce malheureux défaut , ils n'auront qu'à suivre ou faire suivre sous leurs yeux, par un bon professeur, la méthode que je conseille et que j'explique, page 63, à ma sixième leçon, sous le titre de *mollesse d'articulation*. C'est ce travail-là qu'il faut faire ; il suffira.

Mais, ici, c'est plus sérieux, plus long ; le travail s'adresse à des jeunes gens de dix à seize ans. A cet âge, on peut être encore sûr d'une prompte et parfaite guérison. Plus tard, c'est difficile, cela tient souvent à plusieurs causes que je ne puis expliquer en cet ouvrage. Il est donc d'un puissant intérêt que les parents, pour faire entreprendre la guérison de ce défaut de prononciation, n'attendent pas que leurs enfants parviennent à un âge trop avancé.

PREMIER EXERCICE

POUR CORRIGER LE BÉGAIEMENT.

Vous devez commencer par les voyelles. Suivre scrupuleusement le tableau que j'ai tracé, page 12.

é, è, ē, ê, ŏ, ă, ā, in, an, e, ĕu, ō, un, on, eū, ou, u, i, y.

Porter toute votre attention sur les sons très ouverts et les nasales *è, é, o, a, a, in, an,* pages 13 et 30; que la bouche, en les appelant, s'ouvre bien et vite.

Pour juger si l'ouverture de la bouche est suffisante, vous n'avez qu'à passer votre doigt transversalement entre les dents. Si le doigt entre et sort librement, c'est bien, c'est ce qu'il faut.

Faites ces appellations comme si vous preniez une leçon de solfége. Allez en mesure; que chaque voyelle ait la valeur d'une blanche :

CROISSANCE PROGRESSIVE.

DÉCROISSANCE PROGRESSIVE.

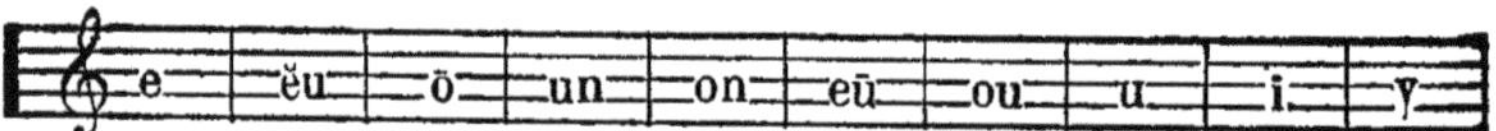

Vous ne passerez aux consonnes qu'après avoir obtenu, par cet exercice, une ouverture de bouche prompte et facile. Même répétition pour les consonnes. Faites tous les mouvements suivant les principes posés page 54 à 57. Labiales fortes, *j, g, ch;* labiales douces, *m, b, p ;* denti-labiales, *v, f, ph ;* sifflantes aiguës, *c, s, t, x, z;* sifflantes douces, *s, x, z;* linguales, *n, l, d, t, r;* radico-linguales dures, *c, q, k, g, ch, x;* douces, *g, c, x;* radico-linguale sifflante, *x;* toto-linguales, *ll, lh, gn;* gutturale, *h*. Mettez-y le plus grand soin, la plus minutieuse patience. Sitôt que vous vous apercevez d'un obstacle, d'un mouvement fébrile, d'une résistance quelconque pour articuler une consonne, tournez la difficulté, prononcez-la en chantant. Par exemple, mettez les consonnes rebelles sous toutes les notes de l'air : *Au clair de la lune, Vive Henri-Quatre.*

DEUXIÈME EXERCICE.

Air clair de la lune.

Supposons que les labiales soient les consonnes qui ne peuvent être articulées sans hésitation ; voici ce qu'il faut faire :

Vive Henri-Quatre.

Chantez lentement d'abord, en appuyant bien, puis pressez la mesure, et doublez, triplez le mouvement, sitôt que vous le pourrez ; puis, revenez au parler ; la difficulté sera vaincue.

Recommencez ainsi sur toutes les consonnes, s'il le faut; une fois arrivé à bout de cette étude, toujours exécutée tranquillement, sans la moindre impatience, sans vous presser, en vous *hâtant lentement*, vous essayez des mots syllabiques.

TROISIÈME EXERCICE.

En mesure à trois temps.

je,	**ja.**	**ji,**	**jo.**	**ja,**	**ju.**
che,	**cha.**	**chi,**	**cho.**	**cha,**	**chu.**
me,	**ma.**	**mi,**	**mo.**	**ma,**	**mu.**
be,	**ba.**	**bi,**	**bo.**	**ba,**	**bu.**
pe,	**pa.**	**pi,**	**po.**	**pa,**	**pu.**
ve,	**va.**	**vi,**	**vo.**	**vo,**	**vu.**
fe,	**fa.**	**fi,**	**fo.**	**fo,**	**fu.**
ce,	**sa.**	**ci,**	**so.**	**so,**	**su.**
ze,	**za.**	**zi,**	**zo.**	**zo,**	**zu.**
ne,	**na.**	**ni,**	**no.**	**no,**	**nu.**
le,	**la.**	**li,**	**lo.**	**lo,**	**lu.**
de,	**da.**	**di,**	**do.**	**do,**	**du.**
te,	**ta.**	**ti,**	**to.**	**to,**	**tu.**
re,	**ra.**	**ri,**	**ro.**	**ro,**	**ru.**
ke,	**ka.**	**ki,**	**ko.**	**ka,**	**ku.**
gue,	**gua.**	**gui,**	**guo.**	**gui,**	**gu.**
gne,	**gna.**	**gni,**	**gno.**	**gni,**	**gnu.**
he,	**ha.**	**hi,**	**ho.**	**hi,**	**hu.**

Dites-les, ensuite, sans chanter, en accentuant fortement. Après avoir triomphé de toutes ces articulations, vous apprenez des vers, que vous répétez à haute voix; syllabiquement d'abord, et en mesure; exemple :

EXERCICE SYLLABIQUE.

(Voir page 67.)

EXERCICE EN MESURE.

Je ne me — trompe pas, — j'en vois un, — j'en vois deux —
Qui couvent — ma maison — de leurs regards — hideux. —
Ah ! c'est — comme cela — que vous jouez, — mes maîtres ! —
Vous cachez — en sournois — vos figures — de traîtres ! —
Pour me faire — capot? — C'est ce que — nous verrons. —
Vous m'offrez — la partie, — eh bien ! — nous la jouerons. —
Vous saurez, — et bientôt, — que Jobson, — le tragique, —
Peut vous en — remontrer — dans le genre — comique. —
Talent — universel, — à l'œuvre, — mon garçon ! —
Régale — ces messieurs — d'un plat — de ta façon. —
Je ressentais — déjà — ce froid qui — nous énerve. —
Mais ce rôle — nouveau — me rend — toute ma verve. —
Voyons, — il faut sortir — à l'instant — devant tous.
Mais comment? — m'y voilà, — c'est juste — coups pour coups.
Ils veulent — me forcer — à garder — cet asile?
Eh bien ! — ils me mettront — eux-mêmes — hors la ville. —
J'accepterai — leur bras — pour gagner — le faubourg, —
Et pour moi, — c'est bien mieux, — ils prendront — le plus court. —

Voilà — comme je suis. — La crainte — et l'avarice —
Ont les yeux — sur Jobson — mais non — sur la nourrice —
Du petit — chérubin — qui dort — en ce berceau. —
Avec ce — cache-laid, — avec ce — vieux chapeau, —
Jobson — a disparu. — Voici la — bonne vieille —
Mistress Torkett — la mère — aux bambins — et qui veille —
Sur tous ces — chers enfants — du quartier — par amour, —
Et pour un — seul scheling — tant que dure — le jour. —
C'est pour rien, — je le sais, — mais avec — la jeunesse —
On est jeune, — on n'a plus — ni chagrin — ni vieillesse ! —
Enfant — on redevient, — on balbutie — encor—
Ces mots si doux — papa, — cher bijou ! — mon trésor ! —
On oublie — et son âge, — et le monde — et la peine, —
On croit — encore à tout, — même à — croquemitaine.

Puis, vous en apprenez d'autres que vous déclamez; c'est-à-dire, vous les répétez en faisant sentir les longues et les brèves, vous arrêtant à la césure, à l'hémistiche; enfin, vous les chantez comme on le faisait anciennement.

EXERCICE DÉCLAMÉ.(1)

Ĕh biēn ! sāns ēn pālīr — jĕ lēs brăvĕrai tōus !
Ĕt dŭssĕ-je mĕ vōir — échărper sous leŭrs coūps,
Jĕ nĕ sōufflĕrăi pōint — ūn mōt, ūne sy̆llăbe,
J'ăurăi dāns lĕ malhĕur — lă fiērté dĕ l'ărābe ;

(1) Dans les mots couronnés de deux signes, le plus haut est pour désigner le son aigu ou grave, et l'autre la longueur ou la brièveté de la syllabe.

Mōn mŭtismĕ cōmplēt — d'ĕffrŏi lēs glăcĕră...
Ĕt mōn œil flāmbŏyānt — lēs épōuvāntĕră !
Ĕt dīre quĕ c'ēst *Trimm !* — c'ēst vrăimēnt īncroyăble !
Le sĕul dōnt l'intĕrĕt — est dĕ mĕ vŏir ău diăble
(Căr jămăis mŏi rēstānt — ĭl n'ăură dĕ sŭccēs.)
Qui mēt à mĕ gărdĕr — cĕ ridicūle ēxcēs.
Si jĕ vōulăis, hélās ! — ūn mot, ūn cri ! qu'impŏrte,
Il nĕ sēnt riēn : vrăi bœuf, —coūché cōntre ūne pŏrte,
Tōut fiēr ēn cĕ mŏmēnt — dĕ sŏn ĕnŏrme pōids,
Il cōmpte mă défăite — ău răng dĕ sēs ēxplŏits.
Il s'ēmpăre déjă — toūt băs ĕt săns părtăge
Dēs plŭs beaŭx diămānts — dĕ mōn nŏble hérităge :
D'Othĕllō ! dĕ Schilŏc, — dŭ fiēr Cŏriŏlān.
Il sōulēve déjă — lĕ scēptrĕ dĕ Dūncān.
Lĕ pŏignărd dĕ Brŭtūs — tēnte să măin débīle,
Il sĕ crŏit pōur Antŏine — ēncŏre ăssĕz hăbīle.
Pāuvrĕ brūte sāns cœur, — pŏitrīne sāns échō.
Măis jĕ sĕrăis pōur tŏi — lĕ spēctrĕ dĕ Bancō !
Si tōn ăudăce impīe — ōsăit ēn plēin théâtre
Insŭlter aūx hérōs — dōnt jĕ sŭis idŏlâtre !

Vous pourrez, après ce travail, commencer l'emploi des boules de caoutchouc, selon les principes posés dans mes précédentes leçons. Comme il est préférable et plus facile de changer de mots en changeant d'exercice, vous apprendrez d'autres vers, mais vous les direz maintenant avec le ton ordinaire, le plus naturellement possible, lentement d'abord, et toujours bien articulés ; ensuite de plus vite en plus vite.

DERNIER EXERCICE. (PARLÉ.)

Je suis le médecin appelé pour l'enfant...
Laissez-moi là, — dehors attendez un instant...
Je vous prie — oh ! mon cœur !.. Père ! allons, du courage...
C'est pour sauver ta fille ! achève ton ouvrage.
Ils se sont éloignés tous les trois... aucun bruit...
Aucun... j'ai réussi !... je recueille le fruit
De mes souffrances ! Oh ! tu m'as pris sous ta garde,
Mon Dieu ! je suis heureux ! oui, bien heureux ! regarde !
A travers mes bourreaux ton bras m'a fait passer.
Et me voilà près d'elle et je vais l'embrasser ! —
O ciel ; si mon enfant, si Marie, à ma vue,
Allait fuir ! avoir peur ! ô douleur imprévue !
Mes esprits à ce coup n'étaient pas préparés. —
Depuis, — je crois... deux ans... nous sommes séparés !
Et dans cet infini de tourments, de torture,
Souffrant tout ce qu'on peut souffrir dans la nature,
Mes traits ont dû vieillir d'un siècle... Oh ! oui... comment
Ai-je fait pour ne point songer à ce moment,
A ce jour de bonheur où je verrai ma fille !
J'aurais su conserver un visage tranquille ;
Je n'aurais pas souffert, je n'aurais pas pleuré
De ces larmes de sang qui m'ont défiguré !
Ah ! lorsque sous mes yeux on massacra sa mère,
Si j'avais pu songer, en ma douleur amère,

A cet ange qui n'a plus que moi pour soutien,
J'aurais vu cette mort en martyr, en chrétien.
La douleur sur mes traits n'eût fait aucun ravage...
Ma fille m'eût donné ce sublime courage !

Quoique corrigé, vous continuerez longtemps à faire ce travail ; repassant vos premiers exercices, puis les seconds, les troisièmes, répétant vos vers, vous servant de vos boules de caoutchouc, un jour l'un, un jour l'autre ; allant vite, lentement ; surveillant toujours les consonnes ou les voyelles qui vous auraient plus particulièrement donné de mal. Enfin, c'est un soin qui peut durer six mois comme plus d'une année ; mais, en ceci, le temps ne fait rien à l'affaire ; trop heureux d'en être quitte.

CONSEILS GÉNÉRAUX.

La mollesse d'articulation, le grasseyement, les sons ouverts *e* et *eŭ*, prononcés souvent comme des sons fermés, sont les fautes d'accent ordinaires aux Parisiens. C'est donc sur ce travail qu'ils doivent porter leur attention.

Voir : la *mollesse d'articulation*, les *voyelles ouvertes*, et la leçon sur le *grasseyement* ; pages 63, 13, 76.

Le grasseyement le plus guttural, les *e* muets prononcés tous comme des *é* fermés, les nasales comme des voyelles ouvertes ou labiales, voilà les principaux défauts de l'articulation marseillaise et provençale.

Voir, pour se corriger, les *voyelles ouvertes* et *nasales*, et la leçon sur le *grasseyement* : pages 13, 30, 76.

Les habitants du midi de la France, Toulousains, Bordelais, Nîmois, etc., prononcent tous les *e* ouverts ou muets comme des *é* fermés. Ils ne connaissent aucune élision, aucune voyelle muette ;

tout est prononcé, quand même; les nasales sont toujours des voyelles très ouvertes; nulle observation des règles de la prosodie.

Pour se corriger, étudier avec soin les leçons sur les *voyelles ouvertes* et *nasales;* s'occuper de la progression croissante et décroissante de la mâchoire pour les *voyelles brèves* ou *longues;* faire usage des boules de caoutchouc; prononcer lentement, syllabiquement; et faire tous ses efforts pour ralentir les mouvements trop vifs d'articulation : pages 13, 30, 9.

Les Lyonnais, Rouennais, Normands, traînent les voyelles en les fermant toutes; beaucoup grasseyent.

Voir aux leçons sur la *mollesse d'articulation*, sur la connaissance à prendre des différentes *voyelles longues ou brèves,* et sur la correction du *grasseyement* : pages 63, 9, 76.

Les Lillois ont de la lourdeur dans la prononciation; des sons graves pour des sons aigus : ā pour ă, etc., etc.; s'occuper spécialement de la *mollesse d'articulation,* du *travail syllabique,* et faire usage des boules de caoutchouc : pages 63, 67.

Chez les Hollandais, les Belges, même défaut, avec plus de mollesse encore dans les articulations labiales; même correctif : *travail syllabique* et des boules : pages 33, 67.

Les Allemands se distinguent par une absence complète des articulations labiales, et par une prononciation entièrement gutturale. Poser la voix par un travail bien attentif sur l'émission de chaque voyelle, selon mon *tableau,* page 12; ensuite, travailler, avec des boules de caoutchouc, tout le mécanisme des consonnes, et, particulièrement les *t*, les *d*, les *b*, les *p*, les *v*, les *f*, et toutes les *sifflantes.* C'est un accent difficile à corriger.

Les Russes, au contraire, prennent l'accent français avec la plus grande facilité. Ils doivent porter de préférence leur travail sur les *voyelles ouvertes,* page 13, et sur la *mollesse d'articulation,* page 63.

Les Anglais ont la prononciation toute gutturale. Faute de règles certaines, l'accent français et notre mode d'articulation ont été, jusqu'à présent, pour eux, d'une très-grande difficulté. Tout est positif, sérieux, raisonné, avec les Anglais. L'oreille ne les servant peut-être pas aussi bien qu'elle sert beaucoup d'autres nations, ils veulent logiquement se rendre compte de tout. Là était la difficulté, puisque les grammaires et nos dictionnaires ne font à peine qu'effleurer ce sujet. Maintenant, je crois qu'en suivant ma méthode, il leur sera facile d'arriver à une bonne prononciation française.

S'occuper d'abord des *voyelles,* page 9, surtout des *voyelles ouvertes* et *labiales,* pages 13 et 33 ; ensuite des *consonnes,* p. 50 ; des *consonnes labiales,* page 55, sur lesquelles ils doivent porter toute leur attention, tout leur travail ; ensuite de la leçon sur la *mollesse d'articulation*, p. 63 ; puis de l'*exercice syllabique*, p. 67, pour la force articulaire, et de l'*exercice déclamé,* pour la mesure des sons, page 98.

Je me propose de donner très prochainement un Traité complet de prosodie.

www.ingramcontent.com/pod-product-compliance
Ingram Content Group UK Ltd.
Pitfield, Milton Keynes, MK11 3LW, UK
UKHW020250220726
13923UKWH00002B/889

9 782019 299606